Michael Winklmann (Hg.)

Last Christmas

Michael Winklmann (Hg.)

Last Christmas

Weihnachten in der Popmusik

HERDER

FREIBURG · BASEL · WIEN

MIX
Papier | Fördert
gute Waldnutzung
FSC **FSC® C083411**
www.fsc.org

© Verlag Herder GmbH, Freiburg im Breisgau 2023
Alle Rechte vorbehalten
www.herder.de
Umschlaggestaltung: Gestaltungssaal, Rohrdorf
Umschlagmotiv: © mauritius images / Island Images / Alamy /
Alamy Stock Photos, © pupsy / shutterstock
Satz: SatzWeise, Bad Wünnenberg
Herstellung: CPI books GmbH, Leck
Printed in Germany
ISBN Print 978-3-451-39617-5
ISBN E-Book (EPUB) 978-3-451-84017-3

Inhalt

Vorwort

Als Jugendlicher bin ich regelmäßig mit dem Bus an einer Nürnberger Lebkuchenfabrik vorbeigefahren. Direkt vor der Fabrik war eine Bushaltestelle. Ab Ende August wurde der Bus bei jedem Halt vor der Fabrik mit einem Lebkuchenduft erfüllt, der wohl nicht nur bei mir weihnachtliche Assoziationen weckte – bei 30 Grad, verschwitzt in einem überfüllten Linienbus.

Weihnachten will vorbereitet sein. Und so beginnt die Lebensmittelindustrie schon im Sommer mit der Produktion der Leckereien, die wir im Advent und in der Weihnachtszeit essen. Bei Weihnachtsmusik ist es ähnlich. Ella Fitzgeralds Album „Ella Wishes You a Swinging Christmas" wurde im August 1960 aufgenommen. Und auch das diesem Buch seinen Titel gebende „Last Christmas" entstand im Londoner Sommer des Jahres 1984.

Die Texte für dieses Buch wurden ebenfalls zum großen Teil nicht während der Weihnachtszeit geschrieben. Ich danke den Autorinnen und Autoren herzlich für ihre Bereitschaft, sich im Frühling mit weihnachtlicher Musik zu beschäftigen. Schlittenglocken im Mai können irritieren und sind im direkten Umfeld erklärungsbedürftig. Das weiß ich aus eigener Anschauung und bin meiner Familie daher sehr dankbar dafür, dass ich das Sprießen der ersten Tulpen im Garten mit einem weihnachtlichen Klangteppich unterlegen durfte. Maria Steiger vom Herder Verlag danke ich für die wohlwollende Begleitung dieses Projekts.

Ingolstadt, im Mai 2023   Michael Winklmann

Weihnachten in der Popmusik – Einführung

Michael Winklmann

Driving home for Christmas

Heilig Abend 2021 – Driving home for Christmas. Meine Familie und ich sind auf dem Weg zu den Großeltern und hören Radio. Der Sender rühmt sich damit, den Weihnachtsdauerbrenner „Last Christmas" nicht zu spielen. Stattdessen läuft Weihnachts-Rock, Weihnachts-HipHop, Weihnachts-Soul. Bei „Christmas in Hollis" der Rap-Crew Run DMC wird meine Frau hellhörig: „Das ist auf der Kassette, die meine Mutter immer an Weihnachten eingelegt hat."

It was December 24th on Hollis Ave in the dark
When I see a man chilling with his dog in the park
I approached very slowly with my heart full of fear
Looked at his dog, oh my God, an ill reindeer

Bei den Schwiegereltern halte ich die besagte Kassette in Händen und erfahre, dass sie ein Weihnachtsgruß von Verwandten aus den USA war. Das Cover zeigt Maria – oder Josef? – und das Jesuskind. Die charakteristische Strichzeichnung lässt sofort auf ihren Urheber schließen: Keith Haring.

Das Album „A very special Christmas" wurde 1987 zur Unterstützung der Special Olympics, der größten Sportbewegung für Menschen mit geistiger Behinderung, veröffentlicht. Für die Familie meiner Frau bedeutete die Musik von Sting, Whitney Houston, Madonna und anderen, die auf diesem Album zusammengestellt wurde, aber vor allem eines: Weihnachten.

Diese kleine Anekdote zeigt: Weihnachten und Musik – das gehört zusammen. Bei keinem anderen Fest, in keiner anderen Jahreszeit gibt es einen so großen, das öffentliche Leben prägenden musikalischen Kanon. Von „Hochkultur" – Bachs Weihnachtsoratorium – zu Radio-Pop – „All I Want For Christmas Is You" (Mariah

Carey) – prägt Musik diese Zeit akustisch. Ehrlicherweise muss man dabei allerdings feststellen, dass spätestens seit den 1950er Jahren – der Geburtsstunde[1] des Pop – vor allem populäre Musik dabei einen großen Einfluss hat. Das kann ein Auszug aus den offiziellen deutschen Single-Charts der Weihnachtswoche 2022 illustrieren. Diese werden auf Basis von Verkaufs-/Zugriffszahlen (physische Tonträger, Downloads, Streaming-Dienste, ...) ermittelt.

1. All I Want For Christmas Is You   Mariah Carey
2. Last Christmas   Wham!
3. Merry Christmas Everyone   Shakin' Stevens
4. Driving Home for Christmas   Chris Rea
5. Rockin' Around the Christmas Tree   Brenda Lee[2]

Auf Platz 1 befindet sich, wie in den USA seit Veröffentlichung im Jahr 1994 übrigens jedes Jahr, die selbsternannte „Queen of Christmas" Mariah Carey. Auch die nachfolgenden Titel sind vielen Menschen bekannt. Würde man diese Liste beliebigen Personen vorlegen: Mindestens einen Titel würde wahrscheinlich jede und jeder schon einmal gehört haben.

Achtet man bei diesen Liedern nun genau darauf, was die Künstlerinnen und Künstler eigentlich singen, fällt auf: Auch wenn jeder der Songs das Wort „Christmas" im Titel trägt, geht es im Großteil der Weihnachtspopmusik eigentlich gar nicht um Weihnachten. Die Theologie von Weihnachten oder eine Bezugnahme auf die Erzählungen von der Geburt Jesu finden in der Regel nicht statt. Ein Blick auf das erste jemals aufgenommene Weihnachtslied zeigt: Das ist schon seit über 100 Jahren so.

Oh what fun it is to ride in a one-horse open sleigh!

Die früheste erhaltene Aufzeichnung eines Weihnachtsliedes – konserviert auf einer Edison-Walze – ist kein Kirchenlied, kein ernstes, theologisch mit der Weihnachtsbotschaft aufgeladenes Stück Musik. Das Edison-Quartett – eine Musikgruppe, die ursprünglich zur Aufnahme von Walzen für den Edison-Phonographen gegründet wurde – nahm 1898 einen zweiminütigen Klamauk mit dem Titel „Sleigh Ride Party"[3] auf, in dem sie das Lied „Jingle Bells" zum Besten geben.

Das Lied wird heute als Weihnachtslied wahrgenommen, entstand in den 1850er Jahren aber als Schlittenlied. Es handelt von einem Pferdeschlittenrennen und ist vielleicht der Grund dafür, dass bis heute kein Weihnachtssong ohne „Sleigh bells" – rhythmisch klingelnde Schlittenglocken – auskommt. Schon das Edison-Quartett verwendet sie in ihrer Interpretation des Liedes.

Auch wenn es natürlich Ausnahmen gibt, war diese erste (Nicht) Weihnachtslied-Aufnahme eine Blaupause für das, was ab Mitte des 20. Jahrhunderts an Christmas-Pop veröffentlicht werden sollte. Abgesehen von Coverversionen von Kirchenliedern, z. B. „We Three Kings of Orient Are" von den Beach Boys, beschäftigt sich Weihnachtspop bis heute – zumindest vordergründig – nicht mit dem Weihnachten der Bibel. Aber worum geht es in diesen Liedern dann? Für einige Songs beantwortet das dieses Buch. Es enthält elf Tiefenbohrungen, die Lieder und Genres im Detail vorstellen und aufzeigen, wie vielfältig die Annäherung an die Weihnachtsbotschaft in populärer Musik ist. Als Einstieg soll aber ein breiter Zugang die Gesamtheit des Phänomens „Weihnachtspop" beleuchten.

A Billboard Christmas

Über die Frage, was Popmusik eigentlich ist, wird – in der Kneipe und im Hörsaal[4] – viel diskutiert. Popmusik kann über ihre Vermarktung definiert werden. Sie ist dann Musik, die eng mit dem Star verknüpft ist, der sie interpretiert. Man kann sich Pop aber auch über seine Verbreitung annähern. Er ist dann Musik, die von vielen Menschen gehört wird. Führt man sich vor Augen, dass beispielsweise eine Aufnahme der Goldberg-Variationen des weltberühmten chinesischen Pianisten Lang Lang 15 Wochen in den deutschen Album-Charts war und um seine Person durchaus ein Starkult betrieben wird, so muss eine Popmusik-Definition noch um ein Ausschlusskriterium ergänzt werden: Pop grenzt sich von klassischer Musik auf der einen und von Volksmusik auf der anderen Seite ab. Es gäbe noch viele weitere Kriterien. Für dieses Buch wurde bewusst ein sehr breiter Pop-Begriff angelegt, der sich auf die eben beschriebenen Merkmale stützt.

Einen entscheidenden Einfluss auf die Frage, was Pop ist, hat seit Mitte des 20. Jahrhunderts der amerikanische Medienkonzern Billboard. Er erhebt unter anderem die offiziellen Single-Charts in

den USA. Lange Zeit galt auch, für die USA und darüber hinaus:
Was in den Billboard-Charts stattfindet, ist Pop.

Seit 2011 gibt es spezielle Weihnachtscharts, die „Holiday 100",
außerdem erstellte Billboard die „Greatest of all Time Holiday 100
Songs". Diese Chartlisten – die „Holiday 100" wurden von 2011–
2022 berücksichtigt – liefern einen Weihnachtssong-Korpus, der
eine repräsentative Darstellung dessen bietet, was in der Weihnachtszeit in den USA im Radio läuft, in den Läden gekauft, was
gestreamt oder heruntergeladen wird. Dieses Abbild englischsprachiger Weihnachtspopmusik hat wiederum weltweit Einfluss auf
den Weihnachtsklangteppich.

Mit Hilfe von Techniken zur Analyse großer Datenmengen ist es
nun möglich, z. B. Worthäufigkeiten im Songkorpus zu unter-
suchen.

Die Grafik zeigt die 25 häufigsten Wörter in Weihnachtssongs.
Wenig erstaunlich ist, dass das am häufigsten vorkommende Wort
„Christmas" (530 Erwähnungen) ist. „Baby" (128), „love" (127),
„happy" (66) und „mistletoe" (61) lassen sich dem Wortfeld der
romantischen Liebe zuordnen. „Home" markiert das Motiv des
„Nachhause-Kommens". Das wird vor allem dann sichtbar, wenn
man überprüft, in welchem Kontext das Wort immer wieder auf-
taucht („Baby, please come home", „There is no place like home for
the holidays" ...).

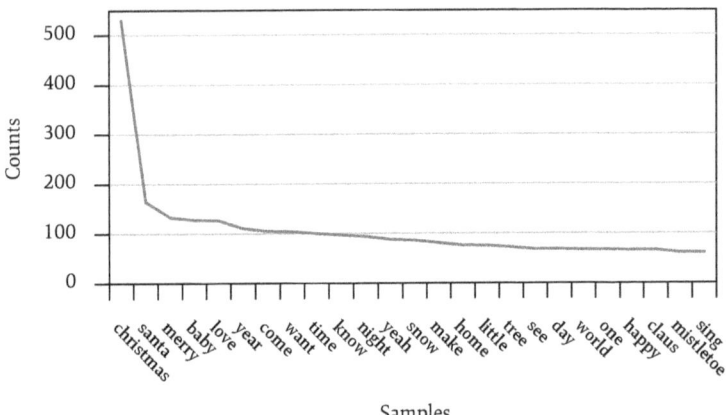

Christinnen und Christen feiern an Weihnachten die Geburt Jesu, sein Name liegt in der Worthäufigkeitsliste auf Platz 49. Joseph kommt im Songkorpus gar nicht vor, Maria immerhin 24-mal. Die Stadt Bethlehem wird sechsmal erwähnt. All das zeigt: Der Löwenanteil erfolgreicher Weihnachtspopmusik bedient nicht das religiöse Konzept Weihnachten, sondern feiert Weihnachten als romantisches, friedliches, nostalgisches „Fest der Liebe".[5]

So this is Christmas

Es wäre ein Leichtes, diese Herangehensweise an Weihnachten kategorisch abzulehnen. Und in der Tat kann ein Weihnachtsfest, das vor allem als Inszenierung von Konsum gefeiert wird, nicht kritiklos belächelt werden. Der Wunsch, das Weihnachtsfest wieder als dezidiert religiöses Fest zu begehen – „Keep Christ in Christmas" – verkennt aber die Tatsache, dass Weihnachtsfeierlichkeiten von Beginn an eine Melange aus christlichen Motiven und bereits existierenden Winterfeierlichkeiten waren.[6] Der Religionswissenschaftler Bruce David Forbes verwendet in diesem Zusammenhang das Bild eines „three-layer cake"[7] – eines Kuchens mit drei Schichten. Die unterste Schicht steht dabei für jahreszeitliche Feierlichkeiten, die weit in der Geschichte zurück gehen. Diese werden von einer zweiten, religiösen Schicht überlagert, etwa wenn das Christentum „attempts to supplement, co-opt, or transform the meaning of an already existing seasonal celebration."[8] Die dritte Schicht bildet moderne populäre Kultur. Damit ist z. B. die Transformation des Heiligen Nikolaus zu Santa Claus gemeint. Entsprechende Musik gehört auch dazu. Man könnte sagen: Christmas-Pop ist die Sahne auf der Weihnachtstorte. Die Musik, von der dieses Buch handelt, beeinflusst also nicht den „Grundgeschmack" des religiösen Weihnachtsfestes. Vielmehr steuert sie ein ungewohntes – in manchen Fällen vielleicht auch ein überzuckertes oder saures – Aroma bei.

Selbstverständlich setzt diese Musik sich in den allermeisten Fällen nicht mit der Erzählung von der Geburt Jesu auseinander. Und wahr ist auch: Die heile Familie, die von manchen Vertretern des Genres als weihnachtliche Norm besungen wird, kann schmerzhaft sein, gerade für die, die an Weihnachten alleine sind oder keine heile Familie zum Feiern haben. Das wird in „Christmas Will Break Your Heart" von LCD Soundsystem deutlich: „Christmas will break your heart / If your world is feeling small / There's no one on your phone / You feel close enough to call".

Weihnachtspop ist vielfältig. Von der radikalen Ablehnung des Fests – „Happy Holidays, You Bastard" (blink-182) – über die Klassiker des Genres – Beach Boys, Ella Fitzgerald, John Fahey – zu den „Jahresendliedern" der Band „Erdmöbel" finden sich unzählige Lieder, die zwischen die Zeilen der Weihnachtsseligkeit geschrieben sind, die zum Nachdenken anregen, provozieren, Schmunzeln lassen.

In diesem Buch soll es um sie gehen. Songs mit Bezug zum Weihnachten der Bibel werden ebenso vorgestellt wie Lieder, die Weihnachten als säkulares Fest besingen, die die politische Dimension von Weihnachten in Musik gießen, die mit dem Genre vor allem Spaß verbinden.

Die Texte, die diese Musik erschließen, werfen so Schlaglichter auf die unterschiedlichsten Dimensionen des Weihnachtsfestes. Sie machen klar: Weihnachtspop ist ok! Auch in einem dreiminütigen Popsong kann die Weihnachtsbotschaft aufscheinen. Auch im Radio begegnet uns ab und zu „eine aufweckmelodie / für neues leben" (Andreas Knapp)[9].

Christmas in Hollis (Run DMC):
  https://music.youtube.com/watch?v=C0b8FqocXcU

Jingle Bells (Cover-Version von ca. 1901):
  http://www.library.ucsb.edu/OBJID/Cylinder15763

Christmas Will Break Your Heart (LCD Soundsystem):
  https://music.youtube.com/watch?v=JA0i1C0IPOk&list=
  RDAMVMEXPKc4i9L1E

Anmerkungen

[1] Vgl. Hecken, Thomas: Pop. Geschichte eines Konzeptes 1955–2009, Bielefeld 2009.
[2] https://www.offiziellecharts.de/charts/single/for-date-1671836400000
[3] http://www.library.ucsb.edu/OBJID/Cylinder15763 (Cover-Version von ca. 1901).

[4] Vgl. zum Folgenden Hecken, Thomas: Art. Pop, in: Ders./Kleiner, Marcus S. (Hg.): Handbuch Popkultur, Stuttgart 2017, 44–53.

[5] Vgl. auch Jarman-Ivens, Freya: The Musical Underbelly of Christmas, in: Whiteley, Sheila (Hg.): Christmas, Ideology and Popular Culture, Edinburgh 2008, 113–134, hier 115.

[6] Vgl. Forbes, Bruce D.: Christmas is Like a Snowball, in: Ders./Mahan, Jeffrey H. (Hg.): Religion and Popular Culture in America. Third Edition, Oakland 2017, 127–143, hier: 133.

[7] Vgl. Forbes, Bruce D.: America's Favorite Holidays. Candid Histories, Oakland 2015, 8 f.

[8] Vgl. ebd.: „… etwa wenn das Christentum versucht, die Bedeutung eines bereits existierenden jahreszeitlichen Festes zu ergänzen, zu vereinnahmen oder umzuwandeln."

[9] Knapp, Andreas: Heller als Licht. Biblische Gedichte, Würzburg 2014, 42.

Boney M.: „Mary's Boy Child" – Christmas goes Disco

Georg Langenhorst

Zwölf Wochen lang behauptet sich der Titel 1978 als Nummer-Eins-Hit in den deutschen Charts, immerhin acht Wochen lang in Großbritannien. Viele Millionen Mal verkauft sich die Single weltweit. Bis heute gehört sie zu den internationalen Klassikern der weihnachtlichen Hits im Radio. In englischsprachigen Ländern wird das Lied in Kirchen gesungen. Ein simpler, zu Herzen gehender Song über Marias Sohn Jesus Christus, „born on christmas day", der dafür sorgte, dass der Mensch den Tod überwinden kann („that man will live forevermore").

Ein Song – viele Variationen

„Mary's Boy Child", ein für den populären Musikmarkt komponierter Spiritual, eng orientiert an der Weihnachtsgeschichte des Lukasevangeliums (2. Kapitel), wurde schon 1951 geschrieben. Der Verfasser, *Jester Joseph Hairston* (1901–2000), ist freilich trotz mehr als 300 auf ihn zurückgehender Songs bestenfalls ausgefeilten Kennern der US-amerikanischen Musikszene ein Begriff. Dieser Titel aber schrieb Weltgeschichte. Um die 60 veröffentlichte, in der konkreten Textversion leicht variierende Coverversionen sind bekannt. Einige davon lassen sich nach wie vor im Internet aufrufen. Von *Heinz Korn* stammt eine frühe (poetisch wie textlich gänzlich missglückte) Übertragung ins Deutsche, die 1958 von *Lys Assia* interpretiert wurde, 1963 von *Margot Eskens*. Die erste Studioaufnahme war bereits 1956 erschienen, realisiert von der damals bereits weltbekannten Gospel-Queen *Mahalia Jackson* (1911–1972). Weder die deutschen Versionen noch diese erste englische Aufnahme erreichten jedoch nennenswerte Beachtung.

Der erste Riesenerfolg hatte sich dennoch bereits 1956 eingestellt: Der jamaikanische Sänger *Harry Belafonte* (1927–2023), bekannt durch die neuartige Verbindung von Folk-Melodien mit karibisch-exotisch klingenden Calypso-Rhythmen („Island in the Sun"), landete mit „Mary's Boy Child" seinen ersten Welthit. Die von Haus aus einfache, leicht singbare Weise wurde mit einschmeichelnden Geigenklängen unterlegt und von Belafontes klarem, freundlichem, hymnenartigem Vortrag überaus stimmungsvoll interpretiert. Diese Version verzauberte die Hörerschaft. Erstmals überhaupt wurde eine Single allein in Großbritannien mehr als eine Million Mal verkauft. Und Belafonte wurde zum ersten Schwarzen männlichen Sänger, der dort einen Nummer-Eins-Hit verzeichnen konnte.

Letztlich blieben das nur Vorspiele. Die Version von Boney M. stellt alle anderen Aufnahmen in den Schatten. Wir befinden uns im Jahr 1978, auf dem Höhepunkt der Disco-Welle. Einfühlsam und emotional einschmeichelnd interpretierter Soul à la Mahalia Jackson? Out. Weichgespülte Calypso-Klänge, die den vermeintlichen, fernwehgetränkten Zauber der Karibik vorgaukeln à la Harry Belafonte? Von gestern. Das musikalische Erfolgsgebot der 70er Jahre des zwanzigsten Jahrhunderts heißt: Disco! Leichte, Dur-basierte Akkorde und Harmonien; ständig wiederholte, leicht mitsingbare Refrains und Strophen in englischer Sprache; einfache, herzergreifende Stories; vor allem: stark und laut rhythmisierte, sofort tanzbare, von simplen Bass-Läufen geprägte Disco-Soundtracks.

Wie kommt es dazu, dass sich Disco auch der – keineswegs naheliegenden – Weihnachtsthematik zuwendet, und daraus einerseits ein Riesengeschäft macht und andererseits einen der popularmusikalischen Höhepunkte der zeitgenössischen Weihnachtsmusik liefert, der seit fünfundvierzig Jahren seine Ausstrahlungskraft behält? Diese Fragen lassen sich nur über den Hintergrund der Band beantworten. Und damit rückt ein Mann in den Fokus, ohne den Boney M. nicht denkbar gewesen wäre: *Frank Farian* (* 1941).

Boney M. – Frank Farian

Farian, unter dem bürgerlichen Namen Franz Ruether in Kirn (Eifel) geboren, gehört zu den erfolgreichsten deutschen Musikproduzenten, Songwriters und Komponisten überhaupt. Zunächst versuchte er sich selbst als Schlagersänger, schaffte es mit seichten, rührseligen Schmonzetten wie „Spring über deinen Schatten, Tommi" oder „So muss Liebe sein" durchaus in Fernsehsendungen wie die ‚ZDF-

Hitparade' oder die legendäre, von *Ilja Richter* moderierte ‚Disco‘, merkte aber schnell, wie begrenzt diese Perspektive für ihn war.

Zeitgleich experimentierte er mit anderen Formaten. So spielte er im Studio den Song „Baby Do You Wanna Bump" ein – manipulierte dazu seine eigene Stimme in unterschiedliche Tonhöhen und veröffentlichte diese Single unter dem eher zufällig gewählten Namen „Boney M." (inspiriert durch eine australische Krimiserie „Boney"). Text, Komposition, Arrangements, elektronisch eingespielte Musik, sämtliche künstlich bearbeiteten Stimmen – all das war ausschließlich Frank Farian. Doch wie sollte man eine solche Single bewerben? Wie ihr ein Gesicht geben? Über eine Künstleragentur ließ er sich eine Truppe zusammenstellen, die dem Projekt konkretes äußeres Profil verliehen. Das Personal wechselte zunächst rasch.

Das änderte sich Anfang des Jahres 1976. Farian spürte, dass die Zeit reif war für eine Verbindung von Marimba-bestimmtem Karibik-Sound – eine nachträgliche Reminiszenz an Harry Belafonte – und Disco. Boney M. bekam nun ein festes Personal: Der hochgewachsene, prägnant auftretende Tänzer *Bobby Farrell* wurde zur Frontfigur. Er würde fortan vorgeben, die männlichen Stimmpartien von Boney M. zu singen, die de facto jedoch durchgängig von Frank Farian selbst stammten. Farrell bewegte nur die Lippen. Das traf zunächst auch auf seine drei Kolleginnen zu, doch zwei von ihnen, *Liz Mitchell* und *Marcia Barrett*, waren so stimmbegabt, dass sie von nun an tatsächlich selbst die weiblichen Gesangparts übernahmen. *Mazie Williams*, die dritte im Bunde, vervollständigte die Gruppe, ohne jemals selbst zu singen.

Boney M. war geboren. Und wurde sofort zu einer der bestimmenden Bands der Disco-Szene. Schwarz, karibisch, gekleidet in immer neue bunt-grelle Textilphantasien der Disco-Zeit. Farian hatte ein untrügliches Gespür für den Geist der Stunde. „Daddy Cool", 1976 veröffentlicht, war ein Welthit, wird bis heute gespielt. Es folgten in kurzen Abständen „Sunny", „Ma Baker", „El Lute", „Rasputin", alle nach dem gleichen Erfolgsrezept gestrickt. Erzählt werden kurze, emotionale Geschichten, die sich gut mit dem Disco-Feeling verbinden lassen. Dabei werden unterschiedlichste kulturell-geografische und geschichtliche Traditionen aufgegriffen. Zielsicher wird das für die Postmoderne so typische Verfahren des

Mythenrecyclings mit professionellem Gespür aufgenommen und umgesetzt.

Und Religion? Gehörte zunächst nicht zu den Mythenfeldern oder Themenbereichen, die Farian aufgriff, neu komponierte oder coverte. Das änderte sich 1978, dem bei weitem erfolgreichsten Jahr der Gruppe. Gleich zwei religiöse Spuren greift Farian auf und transformiert sie zu Welthits. Zunächst führt der Weg ins Alte Testament.

Rivers of Babylon

1970 hatte die Rocksteady-Gruppe der „Melodians" den Reggae-Song „Rivers of Babylon" eingespielt. In den 1960er Jahren hatte sich diese spezifische Musikrichtung in Jamaika entwickelt. Basierend auf der traditionell jamaikanischen Stilrichtung des vom Reggae beeinflussten ‚Ska' wurden die wild vorantreibenden Rhythmen nun verlangsamt, um das Tanzen zu vereinfachen. Dadurch wurden die verwendeten englischsprachigen Texte leichter verständlich und gewannen an Bedeutung. Immer wieder finden sich nun – wie in der vergleichbaren Tradition der weltweit in diesen Jahrzehnten wiederentdeckten Spirituals und Gospels – Anknüpfungen an die Befreiungsbotschaft der Bibel, vorrangig des Alten Testaments.

So auch in „Rivers of Babylon". Psalm 137,1–4 und Psalm 19,14f. werden aufgegriffen, um sie zu einem sentimentalen Sehnsuchtstext zu verschmelzen. Vordergründig geht es um die Befreiungsträume der Israeliten im babylonischen Exil. Hintergründig ruft der Song jedoch andere, aktuellere Bedeutungen auf. Die jamaikanischen Rastafari – eine in den 1930er Jahren entstandene Subkultur der jamaikanischen Unterschicht – verwendeten den Begriff „Babylon" ganz allgemein für unterdrückerische Regierungssysteme, auch für deren Polizeikräfte. ‚Babylon' verweigert ihnen den Zugang zu politischer Teilhabe, zu gesellschaftlichen Schlüsselpositionen, vor allem aber den Gebrauch von Rauschmitteln und Drogen, die in ihrer Kultur zentrale Bedeutung haben.

Das in der Religionspädagogik oft beschworene Prinzip der ‚Korrelation', der wechselseitigen Durchdringung von biblischen Texten und Gegenwartsereignissen, wird hier ganz anschaulich umgesetzt: Die Rastafari sitzen *heute* an ihren ‚Flüssen Babylons', *sie* weinen vor Sehnsucht nach dem Ende der Unterdrückung, *sie* erhoffen eine Überwindung des Unrechts. Sie träumen von ‚Zion‘, einer selbstbestimmten, freien Gesellschaft – mit freiem Zugang zu Drogen und Rauschmitteln. Der neuartig zusammenkomponierte ‚Psalm‘ spricht gleichzeitig von einem fernen Damals und einem ganz aktuellen Jetzt.

Bei den ‚Melodians‘ waren diese bewusst provokativen Aktualisierungen für alle spürbar und präsent. „Rivers of Baylon" war ein politisch fundierter Protestsong. Disco hingegen hatte keinerlei Interesse an Politik, an Provokation, an ‚Aussage‘. Frank Farian erkannte das Potential des Titels, ließ jedoch alle Anspielungen weg, harmonisierte die scharfen rhythmischen Brüche der Rocksteady-Stilelemente, transformierte den Song so für ein westliches Massenpublikum. Er mischte sie ganz bewusst mit Merkmalen und Assoziationen der dem westlichen Publikum bekannten Tradition der Gospels. Nicht nur das Mythenrecycling der Postmoderne wird hier vorweggenommen, sondern auch das vollkommen frei agierende musikalische Stilgemisch, das sich nur am Erfolg des Produkts messen lassen muss.

Der langsam sich entfaltende, emotional einnehmende Song – unpassenderweise untermalt mit Ozeanrauschen – lädt zum Mitsummen und Mitsingen ein. Die aufgerufenen Assoziationen lassen eher an einen Meeresstrand denken als an die babylonischen Flüsse Euphrat oder Tigris. Unwichtig, es geht um das rechte Feeling. Disco wird hier fast schon folkartig populär. Boney M.'s Version der „Rivers of Babylon" wird der weltweit gespielte, kommerziell größte Erfolg dieser Gruppe.

Mary's Boy Child

Das Erfolgsrezept lag also bereit: der Rückgriff auf biblisches Bildmaterial, ohne es wirklich vertieft zu thematisieren; die Transformation eines bereits vorliegenden Songs; die Rückdrängung von Disco-Elementen hin zu einfachen, einprägsamen, sich einschmeichelnden Songs in der Tradition von Gospel, Folk und Pop. Als feinfühliger Beobachter der kulturellen Szene war Frank Farian klar, dass es *ein* Fest gab, zu dem Radiosender gierig nach spielbaren aktuellen Musiktiteln suchten; ein Fest, zu dem die Geschenkindustrie nach verkaufsstimulierender musikalischer Untermalung gierte; ein Fest, zu dem Milliarden von Menschen nach emotionaler Einstimmung verlangten: Weihnachten! „Mary's Boy Child" war für ihn wie ein Sechser im Lotto.

Farians kritischer Blick auf die Version von Harry Belafonte ergab jedoch mehrere für ihn unbefriedigende Punkte: Zu lang und ausführlich wurde die Weihnachtsgeschichte erzählt; zu stark wiederholend wurde die Grundmelodie von Versen und Refrain abgespult, ohne Abwechslung oder musikalische Spannung einzubauen; zu wenig Drive und Rhythmus hatte schließlich das ganze Arrangement. Tanzbar war der Song nicht.

Die Versionen von Belafonte und Farian haben schließlich musikalisch nicht mehr viel miteinander gemein. Die Disco-Version setzt von Anfang an auf Marimba-geprägte Calypsoklänge, vermengt so die in Israel spielenden Ereignisse mit Emotionen von Jamaika und Südsee. Unangemessen? Hauptsache: Assoziationen von Süden und Exotik.

Bibel im Disco-Stil

Was übernimmt Boney M. von den Vorgängerversionen? Grundlegend den – dem Lied als eine Art zusammenfassendes Motto vorausgestellten – Doppelvers und dessen Anknüpfung an die Weihnachtsgeschichte aus dem Lukasevangelium, präsentiert zunächst als mehrstimmige a-capella-Version, im Song dann immer wieder mit musikalischem Vollarrangement eingespielt.

Mary's boy child, Jesus Christ, was born on Christmas day
And man will live forever more, because of Christmas day.

Damit ist zum einen das Thema benannt, die Geburt Jesu, dem Lukasevangelium folgend konzentriert auf die Perspektive seiner Mutter. Zum anderen wird betont, was dieses Ereignis bedeutet: „die Menschen" (alle!) werden „für immer leben". Wir ersparen uns hier eine Diskussion über die Reduktion und Verschiebung der weihnachtlichen Botschaft. Interessanter ist die weitere Verwendung von Bildmotiven, die aus der lukanischen Erzählung übernommen werden. Zunächst knüpft Farians Variante durchaus weiter an der ursprünglichen Version des Songs an.

In der Grundmelodie der Strophen wird die Aussage des vorangestellten Doppelverses vertieft und bebildert:

Long time ago in Bethlehem, so the Holy Bible said
Mary's boy child Jesus Christ was born on Christmas day.

Sprache und Aussage bleiben einfach, unmetaphorisch, für alle, auch für nicht-Englisch-Muttersprachler, leicht verständlich. Die biblisch als Faktum erzählte Geburt Jesu in Betlehem wird schlicht benannt.

Die simple Strophe leitet über zum im Folgenden mehrfach wiederholten Refrain:

Hark, now hear the angels sing, a king ist born today.

Der Gesang der Engel wird aufgerufen, deren Stimme – nicht ‚Gesang' – biblisch zwar nichts von einem ‚König' erkennen lässt, aber das Geburtsgeschehen umrahmt. Der Refrain wird somit quasi als Inhalt des Engelsgesangs stilisiert:

Man will live forever more.

Eine zweite Anknüpfung: Die folgende Strophe ruft das neben den Engeln zweite Zeugen-Personal der Lukaserzählung auf, die Hirten. Ihre Perspektive wird im Präsens erzählt, rückt das Geschehen also unmittelbar in die Gegenwart.

While sheperds watch their flock by night they see a bright new
*   shining star*
they hear a choir sing a song, the music seems to come from afar.

Dass die Hirten im Lukasevangelium nie einen Stern sehen, von dem ja nur – in völlig anderem Kontext – das Matthäusevangelium erzählt; dass mit dem Stern und den Engeln zwei miteinander konkurrierende Licht-Bilder aufgerufen werden, die nicht zueinander passen; all das mögen bibelkundige Kommentare bemängeln. Der ursprüngliche Autor, *Jester Joseph Hairston*, folgt hier schlicht der Tradition klassischer Krippendarstellungen, die sich bis heute genauso erhält. Im Stil der Evangelienharmonie werden Elemente der beiden Weihnachtsevangelien ineinandergeschoben, ohne Berücksichtigung der somit unweigerlich eintretenden Bild-Störungen. Für den Song entscheidender: Erst jetzt wird die Ausgangssituation des Refrains erklärt, der hier prompt ein zweites Mal eingespielt wird. Die *Hirten* hören die Botschaft der Engel, die im Refrain zu Wort kommt.

So weit, so gut. Bis hierher folgt Farian der vorgegebenen Version. Belafonte bleibt bei dem bisher benannten Prinzip: die Strophen knüpfen in aller Kargheit und Kürze an weitere Bildelemente der lukanischen Erzählung an, wieder und wieder folgt der Refrain. Harmonisch, in sich geschlossen, friedlich, unspektakulär. Zu langweilig, findet Farian. Zu wenig Dynamik. Jetzt übernimmt er die Regie.

Bislang hatte *Liz Mitchell* den Hauptgesangspart der von vielen, im Studio aufgenommenen Hintergrundstimmen geprägten Chorsätze übernommen. Farian nutzt als erstes Eigenelement eine ‚bridge', eine unterbrechende und überleitende Einschaltung. Jetzt durchbricht eine tief gesetzte männliche Stimme (die Farians, vorgeblich die von Bobby Farrell) den harmonischen Flow. Die biblischen Reminiszenzen versiegen. Gegen den musikalischen Grundzug, aber komplett in der maßgebenden Dur-Tonart verbleibend, kommentiert diese Stimme das geschilderte Ereignis:

For a moment the world was aglow,
all the bells rang out, there were tears of joy and laughter,
people shouted: Let everyone know,
there is hope for all to find peace.

Plötzlich fällt der Text (Farians) zurück ins Präteritum: Er bewertet das Ereignis, ohne sich um die biblisch geschilderte Szene zu kümmern. Die ganze Welt (!) in hellem Licht? Glocken (wo in Israel hätte es die gegeben?) klangen? Tränen der Freude und Lachen? Die Leute (wer?) riefen, dass es Hoffnung auf Frieden gebe? Das ist eine völlig andere Szenerie als zuvor. Geschildert wird eine mögliche heutige Freudenvision. Und auch die Zielrichtung der Botschaft verschiebt sich: ‚Ewiges Leben' wird zu ‚Frieden'. Möglich. Aber ein Bruch im Lied.

Ungewöhnlich für eine ‚bridge'. Je nach Version des Songs kehren eine oder zwei weitere Strophen, vom Refrain gefolgt, zum musikalischen Grundmuster zurück, bevor erneut die somit doppelt genutzte ‚bridge' eingespielt wird, um dann – wie ursprünglich schon angedeutet – zum völlig eigenständigen zweiten Teil des Songs überzuleiten.

Was wird strophisch – erhöht um einen Halbton – noch entfaltet? Zunächst die Umstände der Geburt ‚im Stall‘:

> *Now Joseph and his wife Mary came to Bethlehem at night*
> *they found no place to bear her child, not a single room was in sight.*

Dann weiter:

> *And then they found a little nook in a stable all forlorn*
> *and in a manger cold and dark, Mary's little child was born.*

Je nach Version: Im Internet finden sich Varianten, in denen beide Strophen enthalten sind, aber auch solche, die jeweils eine weglassen. Dieses Verfahren wird sich auch im Blick auf die weiteren Teile des Songs wiederholen. Boney M. hat mehrere Varianten eingespielt. Auch das ist vielsagend: Die erzählerische Redundanz lässt verschiedene Lösungen und Kürzungen zu.

In jedem Fall: Die aufgerufenen Assoziationen folgen der nachbiblischen Tradition: ‚Kalt‘ und ‚dunkel‘ war es bei der Geburt, sie fand statt in einem ‚Stall‘ und einer ‚Futterkrippe‘, abgelegen (‚nook‘ heißt ‚abgelegener Ort‘). Dass diese harten Umstände den Hörer: innen in leichtem Dur-Klang entgegenschunkeln, stört die Liedverantwortlichen nicht.

Lobpreis gesungen, beklatscht und getanzt

Oder doch? Plötzlich, nach einer zweiten Einspielung der nun funktional stimmig eingespielten ‚bridge‘, hat das übernommene Lied ausgedient, es kommt abrupt an sein Ende. Farian braucht ein zweites, neues (rhythmisch jetzt eher disco-mäßig gestaltetes, leicht mitklatschbares) musikalisches wie auch inhaltliches Zusatzelement: das des vermeintlichen Lobpreisgebets. Wieder bleibt er in der verwendeten Dur-Tonart. Nun nimmt er jedoch direkt Anleihe an die Tradition des Gospels. Mehrere Stimmen wenden sich fortan gemeinsam an Gott, verbunden in der klassischen Anrede „Oh, my Lord!" Der jeweils dreifach verwendet Endreim setzt auch textlich formal seine Eigenart durch.

Oh, my Lord, you sent your son to save us
Oh my Lord, your very self you gave us
Oh my Lord, that sin may not enslave us
and love may reign once more.

Und gleich eine weitere Frequenz:

Oh, my Lord, when in the crib they found Him
Oh, my Lord, a golden halo crowned Him
Oh, my Lord, they gathered all around Him
To see Him and adore.

Fortan mischen sich – wie in Gospels und Spirituals nicht unüblich und Spontaneität sowie innere Anteilnahme suggerierend – singende Einrufe in den Hauptstrom des Textes und der Melodie: „so praise the Lord", „He is truth forever", „this day will live forever" und weitere. Die folgenden Strophen dieses zweiten Songteils spielen weitere Reime durch: die Linien reihen sich von „doubt you / about you / without you", zu „adoration /jubilation / admiration". Am Ende steht die anbetende, Gott preisende Dankbarkeit des vielfach angerufenen „Oh my Lord".

Seltsam. Das Lied zerfällt in zwei komplett unterschiedliche Teile mit doppelt präsentiertem mittlerem Übergang. Am Anfang steht der aufgerufene, leicht durch Calypsoklänge modifizierte, sanfte Folksong. Gesungen vor allem von der führenden Frauenstimme. Dann bricht die Männerstimme den musikalischen wie inhaltlichen Modus und leitet über zu der dann ganz anders gestalteten zweiten Hälfte, bestimmt von klatsch- und tanzbaren Disco-Rhythmen im Zwei-Akkord-System, all das gesungen von einer Vielzahl übereinander geblendeter Stimmen im Gospel-Style. Hier ist tatsächlich ein ganz eigener Song entstanden, professionell kompiliert, und so originell gestaltet – bei all den unterschiedlichen Anleihen –, dass das Ergebnis funktioniert. Erfolgreich, hörenswert auch nach 45 Jahren.

Mary's Boy Child und Weihnachten

Völlig klar: Die eigentliche Thematik interessiert Frank Farian ausschließlich unter professioneller Perspektive. Sein Mythenrecycling

25

greift ungeniert verschiedenste Themen auf: ,Belfast' – eine Einspielung des nordirischen Bürgerkriegs; ,El Lute' – eine emotionaler Bezug auf einen fiktionalen lateinamerikanischen Befreiungskämpfer; ,Rasputin' – eine Würdigung des russischen Wanderpredigers, Wunderheilers und Frauenhelds; ,Ma Baker' – eine Reminiszenz an eine berühmt-berüchtigte US-amerikanische Bandenchefin.

In dem damit angedeuteten Gemenge verfügbarer Stoffe findet sich eben *auch* Religion. Mit dem von Farian feinfühlig erspürten Reiz besonderer Rezeptions-Chancen. Nicht zufällig, dass „Rivers of Babylon" und „Mary's Boy child" die erfolgreichsten Songs von Boney M. sind. Folklore, Geschichten, Religion – das passt gut zusammen. Und Disco nutzt diese Stoffe vollkommen bedenkenlos für eigene Zwecke.

Warum auch nicht? Man kann das kritisieren als flach, oberflächlich, kommerziell. Man kann – wie ja auch hier zum Teil erfolgt– die fragwürdigen Bezüge zu biblischen Traditionen oder die Mischungen biblischer Quellen bemängeln. Man kann das ,religiösen Kitsch' nennen, wenn es etwa in einer der Lobpreisstrophen heißt: „when in the crib they found him / a golden halo crowned him". Das Kind mit dem goldenen Heiligenschein?

Gerade dieser Bezug weist jedoch auf den Kontext des Songs. Es geht ihm nicht um die Weihnachts*botschaft*. Der Stoff, wir haben es gesehen, ist letztlich austauschbar. Es geht nicht um Verkündigung. Das wäre ja auch gar nicht passend: Es handelt sich um einen Disco-Song der späten 1970er Jahre, um Popmusik, die unterhalten will. Sie hat keine bewusst politische, weltanschauliche oder gar religiöse Botschaft. Sie kreiert Emotionen, greift bekannte Geschichten auf, lässt Bilder aufscheinen, die in der Populärkultur bekannt sind (das Kind mit dem Heilgenschein in der Krippe), gestaltet diese Elemente mit den musikalischen Stilmitteln der Zeit.

Theologisch interessanter: Christliche Deute-Elemente „that man will live for ever more" / „for all to find peace" können in diese Bildsprache integriert werden, ohne ,anstößig' zu sein. Diese Aussagen können auch Nicht- oder Andersglaubende mithören und mitsingen, sie sind letztlich bedeutungslos. Es geht um Stimmung. Um Gefühl. Um Ästhetisierung.

Mit diesen Prägungen haben Boney M. nicht nur den Zeitgeist der 1970er Jahre aufgegriffen, sondern die Zukunft der Entwicklung dieses Festes vorausgeahnt. Einerseits präsentiert sich das Christentum immer mehr als ein „Weihnachts-Christentum" *(Matthias Morgenroth)*, in dem der ursprüngliche Fokus auf Karfreitag und Ostern mehr und mehr in den Hintergrund rückt und die weihnachtliche ‚Stimmung' konkrete Inhalte überlagert. Gleichzeitig haben sich die sprachlichen Möglichkeiten Weihnachtens erschöpft. Der Schweizer Dichterpfarrer *Kurt Marti* (1921–2017) erklärte 1987, warum er keine Weihnachtserzählungen mehr schreibe: Davon gebe es „ohnehin schon zu viele, wenige gute, manche mittelmäßige, viele schlechte". Weihnachten sei „erzählerisch überstrapaziert", die Botschaft „zerzählt". Sein Landsmann *Franz Fassbind* (1919–2003) rückt die Erkenntnis im verknappten Dreizeiler zusammen: „Überlieferte Wörter / infolge Abnutzung / unbrauchbar geworden".[1]

Von dieser Abnutzung profitiert Disco. Als Grundlage von Unterhaltungsmusik reichen Klischees und Assoziationen. Sie produzieren genau das Gefühl, das aufgerufen und belebt werden soll. *Diese* Bedeutung hat Weihnachten behalten, erkennbar auch in vielen anderen der „Weihnachtshits", die in diesem Buch vorgestellt werden. „Season's greetings" versenden englischsprachige Menschen zum Jahresende. ‚Merry Christmas' als explizit christlicher Kartengruß verschwindet. „Mary's boy child" spielt noch einmal das christlich-biblische Szenario ein, aber durch die musikalischen Verfremdungen und Anpassungen so sehr aller religiösen Bedeutung entkleidet, dass es nicht stört. Ich bin sicher: Wir werden den Song noch einige Jahrzehnte hören. Und bei allen kritischen Anfragen – schon weil ich in den 1970er Jahren aufgewachsen und (musikalisch) geprägt wurde: mir gefällt's.

Mary's Boy Child:
https://music.youtube.com/watch?v=5BH5EOjUObs

Anmerkungen

[1] Hintergründe und Belege in: *Langenhorst, Georg*: Als ein Kind bist du gekommen. Die Weihnachtsbotschaft neu entdeckt, Freiburg/Basel/Wien 2016.

Christmassongs ohne Christentum

Sarah Connors CD
„Not So Silent Night"

Klaus König

In vielen deutschen Wohnzimmern würde man wohl – wenn es um die gesangliche Gestaltung von Weihnachten geht – eine Sängerin wählen, die in ihrer tänzerischen und musikalischen Perfektion nie atemlos erscheint, obwohl sie dieses Wort gerne besingt. Helene Fischer präsentiert in ihren TV-Weihnachtskonzerten ein buntes Potpourri, das von romantischen, schneerieselnden deutschen Liedern bis zu neueren amerikanischen Vertonungen reicht. Dabei interpretiert sie – soweit ich dies überblicken kann – aber keine wirklich neuen Songs, die einen eigenen und eigenwilligen Akzent setzen.

Wurde in den gleichen deutschen Haushalten dagegen am 25.12.2022 gegen 0:15 der Fernseher eingeschaltet, weil die Christmette vorbei war, die Kinder schliefen oder es sonst nichts zu tun gab, zeigte sich auf einem nicht ganz populären, öffentlich-rechtlichen Sender Sarah Connor mit einem eigenen Weihnachtskonzert. Sie mischte kurze, eingestreute Erzählungen mit ihren neuen, zum Teil von ihr und für sie getexteten und komponierten Christmassongs. Hier gab es also etwas Neues zu hören, keine „Stille Nacht", sondern noch nie gehörte Weihnachtslieder, die am 18.11.2022 unter dem Titel „Not So Silent Night" der Öffentlichkeit vorgestellt wurden. Eine Gruppe um Ali Zuckowski, Max Wolfgang und Sarah Connor selbst hatte sich im Januar und Februar 2022 jeweils für sechs Tage auf die griechische Insel Santorin zurückgezogen, um das Projekt Christmassongs umzusetzen. Eine Nebenbemerkung: Vielleicht hat Ali Zuckowski als Knilch das Plätzchenbacken mit Mehl und Milch und dazu das Komponieren in der Weihnachtsbäckerei seines Vaters Rolf gelernt. Orchestrierung, Studioaufnahmen sowie das Abdrehen erster Clips fielen in den Sommer, sodass pünktlich zur Vorweihnachtszeit 2022 das Material für einen gelungenen Verkaufsstart verfügbar war. Herausgekommen sind 12 neue Songs zur Weihnachtszeit, die meisten haben zumindest atmosphärisch mit Weihnachten zu tun. Zum Ende gibt es noch die 345,6ste Coverversion von Nat King Coles unverwüstlichem „The Christmas Song", die wegen ihrer mangelnden Originalität hier nicht weiter berücksichtigt wird.

Man kann nicht etwas einordnen, ohne das Material vorzustellen. Deshalb beschreibe ich in einem ersten Schritt, was die CD musikalisch und textlich zu bieten hat, bevor ich in einem zweiten Schritt einige religionskulturell ambitionierte Deutungsebenen diskutiere. Auch wenn diese Songs weder für den kirchlichen Gebrauch an Weihnachten noch für die traute Hausliturgie der sich irgendwie christlich verstehenden Großfamilie geschrieben sind, so können sie doch auch von einem Theologen aufgenommen und analysiert werden, weil sich theologische Reflexion hin und wieder kulturhermeneutisch versteht.

1 „Not So Silent Night" – die CD

1.1 Sarah Connor

Es ist ganz sicher falsch, Sarah Connor (geb. 1980) für ein Schlagersternchen zu halten, das in ihren braven Liedern einen Stimmumfang von 1,5 Oktaven nicht überschreitet. Singen hat sie gelernt, ihre musikalischen Anfänge liegen im Gospelgesang norddeutscher Städte vor allem in den 90ern. Ihr amerikanischer Großvater war Jazzpianist, sodass sie Jazz, Soul und Blues von früh auf begleitet haben. Dies merkt man auch einigen der Songs von „Not So Silent Night" an: Deutliche Dynamikkontraste, Steigerungen nach sehr verhaltenem Beginn, ein Backgroundchor sowie freie Varianten von Liedrefrains (Ad Libs) gehören zu ihrem Standardrepertoire – vor allem bei Liveauftritten.[1] Ihre Stimme kann sie breitgefächert einsetzen, ihr Ausdruck reicht von kraftvollen Passagen mit deutlichem Volumen bis zu hingehauchten, leisen Tönen im oberen Teil ihres Ambitus, bei denen sie auf einen Registerausgleich verzichtet. Sie gehört seit 2001 zu den erfolgreichen Sängerinnen der deutschen Popszene, ist also in mehrfacher Hinsicht erfahren und routiniert.

Mit der vorliegenden CD beschäftigt sie sich zum zweiten Mal musikalisch mit Weihnachten. Schon im Dezember 2005 veröffentlichte sie das Album „Christmas in My Heart", das im Unterschied zu „Not So Silent Night" mehrheitlich Pop-Bearbeitungen traditioneller Weihnachtslieder – von „Kling Glöckchen kling" bis „Leise rieselt der Schnee" – präsentiert. Insofern ist das zweite Weihnachtsprojekt ambitionierter und eigenständiger.

Aus der Existenz von zwei Weihnachtsliederalben auf eine besondere Nähe der Sängerin zu Weihnachten zu schließen, ist gewagt. Denn auch solche Vorhaben sind wie andere Zeichen prinzipiell mehrdeutig. Die Eigenständigkeit und Neuheit der Songs provoziert allerdings schon die Fragen, wie Weihnachten in ihnen gesehen, mit dem Fest umgegangen und welche Intentionen verfolgt werden.

1.2 Die Musik

Musikalisch besitzt das traditionelle Weihnachtsfest eine deutliche Affinität zu romantischem Liedgut. Das betrifft die „Stille Nacht" des Österreichers Franz Xaver Gruber ebenso wie die angeblich sizilianische Herkunft der fröhlichen und gnadenbringenden Weihnachtszeit und kulminiert in diversen Kinderliedern, die das Glöckchen, den rieselnden Schnee oder die Kinderlein an der Krippe besingen. In einer schier unerschöpflichen Zahl von Besetzungen und Bearbeitungen erklingen diese Weisen an vielen Orten unseres Lebens, sodass ihr Wiedererkennungswert und der Überdruss an ihnen nahe beieinanderliegen. Wie könnten neue Tonfolgen komponiert sein, die einerseits irgendwie an weihnachtliche Erwartungen, Stimmungen andocken und gleichzeitig von den omnipräsenten Melodien befreien? Vor dieser Anforderung stehen neue Weihnachtslieder, die für eine breite Öffentlichkeit gemacht sind – also sowohl in den Medien als auch im Wohnzimmer erklingen könnten. Insofern ist das erste Anhören des neuen Weihnachtsalbums von Sarah Connor mit bestimmten Gefühlen und Hoffnungen besetzt.

Und siehe da: Es geht mit einem wirklich erfrischend gemachten Song los. „Jolly Time of Year" präsentiert sich schon im Intro und in den ersten, abwärts geführten Quart- und Quintsprüngen als ein swingender Song im zarten Jazzsound, der für weihnachtliche Klänge einerseits untypisch ist, andererseits aber doch so verhalten und leicht daherkommt, dass sich eine beschwingte, freudige Stimmung schnell einstellen kann. Gleich der zweite Titel steigert die Effekte, weil in „Ring Out The Bells" der klangliche und rhythmische Aufwand größer ist, was durch eine poppige, Mainstreaminstrumentierung und fetzige Vocals unterstrichen wird. Gar nicht zart, sondern mit gleichmäßig poppigen Rhythmen geht es musikalisch in die Offensive, was durch die tatsächlich erklingenden ‚bells' weihnachtlich angereichert ist. Der Song, der dieser CD den Titel gibt, erscheint an dritter Stelle und auch er ist markant. Eine leise, mit gehauchter Stimme vorgetragene erste Strophe beschreibt die noch ruhige Morgendämmerung des 24. Dezembers, bevor es textlich und musikalisch losgeht. Gar nicht still und besinnlich, sondern rockig setzt nach einem Break die zweite Strophe als lauter, frech vorgetragener Rock ein. Er passt zum Text, der die kleinen Kalamitäten und Probleme beschreibt, die sich in der Vorbereitung auf den Abend in einer großen Familie ergeben können.

Der muntere Beginn der CD mit der Aufnahme unterschiedlicher Musikstile setzt sich zunächst etwas verlangsamt fort. Die vierte Nummer „Blame It On The Mistletoe" nimmt die Swingstimmung des ersten Songs durchaus lasziv vorgetragen wieder auf und „24th" ist ein stimmiger Slowfox mit origineller Melodieführung. Es folgen zwei schwungvolle Popsongs, wobei in „(1,2,3,4) Shots Of Patron" der pfiffige, staccatohafte Refrain auffällt, ohne dass der Song musikalisch die alkoholische Stimmung des Textes – Patron ist ein berühmter Tequila – widerspiegelt. Aber dann wird es fast traditionell weihnachtlich: Die verbleibenden Balladen bilden den besinnlichen Schlussteil, viel Pianobegleitung und Streichereinsatz und wenig, an was man sich auf Anhieb erinnert. Da wirkt das melismatisch vertonte zweite Titelwort von „Come Home" schon als ein schlichtes Merkmal, das nach dem Hören hängenbleibt.

Insgesamt handelt es sich bei allen zwölf neuen Liedern um traditionelle Popsongs, die mal mehr und mal weniger originell daherkommen. Keine elektronische oder anders formierte Avantgarde bestimmt den musikalischen Duktus, viele Refrains laden schon beim ersten Hören zum Mitsingen oder Mitschwingen ein. Dabei sind es wirklich neu gemachte Songs, keine Varianten der Überlieferung, sondern es ist der Versuch, im Rahmen einer eingängigen Intention dem Weihnachtsfest ein etwas anderes musikalisches Gewand zu geben. Das mag neben dem zu erwartenden kommerziellen Erfolg für dieses Fest durchaus passen. Denn es war bislang das (einzige) Fest unseres Jahreskalenders, an dem aktives Singen überhaupt noch einen Stellenwert besaß.

1.3 Die Texte

Schon die folkloristischen oder/und christlichen Lieder zu Weihnachten weisen ein außerordentlich breites Themenspektrum der Texte auf, weil das Fest nicht nur viele religiöse Bezüge, sondern zudem eine sehr differenzierte Erzähl- und Praxistradition besitzt, die sich musikalisch begleiten und ausdeuten lässt. Wenn aber die gegenwärtigen Verschiebungen sowohl der Zustimmung zum Christlichen als auch der kulturellen Standardisierungen der Feierformen an Weihnachten das bisherige Liedgut zum größeren Teil anachronistisch erscheinen lassen, gibt es Platz, vielleicht sogar das Bedürfnis, diesen Verschiebungen auch einen Ausdruck zu verleihen. Dies mag durch ein musikalisches Projekt vielleicht gar nicht direkt intendiert sein, es könnte allerdings auch implizit dem Erleben der Gegenwart entstammen. Sarah Connor bringt dafür einige gute Voraussetzungen mit, denn sie legt Wert darauf, sich mit den Texten ihrer Songs zu identifizieren und nicht in ihren Augen Beliebiges zu verbreiten. Als Ehefrau, Mutter von vier Kindern aus verschiedenen Verbindungen lebt sie eine durchaus gängige familiäre Formation und kann in den Texten eine eigene Weihnachtspraxis integrieren – was sie auch tut. Sie ist zudem nicht durch ein christliches Engagement oder Bekenntnis aufgefallen. Schaut man auf einige deutschsprachige, durchaus wertbetonte Lieder von ihr aus den letzten Jahren (z. B. die Thematisierung von Homosexualität in „Vincent"), scheint sie eher eine humane, liberale Grundhaltung zu besitzen, die nicht auf einer festgefügten, tradierten weltanschaulichen Formation beruht. Somit bringt Sarah Connor für die Weihnachts-CD eine Situation und Haltung mit, die Parallelen zum gegenwärtigen Mainstream aufweist, in ihm aber etwas Eigenes sagen will. Dies versuche ich zu verdeutlichen, indem ich einige strophenübergreifende sprachliche und inhaltliche Elemente beschreibe, die sich mit Weihnachten verbinden.

Familie: Der zentrale benennbare Ort für die Feier von Weihnachten ist in diesen Liedern die Familie. Der chaotischen Vorbereitung folgt ein harmonisches, generationsübergreifendes Miteinander. Sogar einer lieben Verstorbenen – in „Santa, If You're There" könnte dies die Großmutter sein – wird gedacht, denn sie sollte an sich zur Familie gehören. Selbst die Vorstellung eines Weihnachtsfestes im Jahre 2066 will Sarah Connor als Oma mit 22 Enkelinnen und Enkeln feiern („Christmas 2066").

Liebe: Weihnachten gilt als das Fest der Liebe. Die Liebe wird herbeigesehnt, geliebte Menschen, die nicht da sind, werden erwartet. Dieser Aspekt führt dazu, dass zwei Songs reine Liebeslieder sind – „Blame It On The Mistletoe" und „I Think I'm In Love With You". Sie besitzen keinen erkennbaren begrifflichen Bezug zu Weihnachten. Insofern sind sie selbst bei weiter Auslegung allenfalls Lieder zum Weihnachtsfest, aber keine Christmassongs. Häufig kommt Liebe als noch unerfüllt zum Ausdruck, weil die geliebte Person nicht da ist, sich noch abwendet oder wieder weg ist. Die besondere, harmonische Feststimmung an Weihnachten eignet sich offenbar für Erinnerung und Hoffnung.

Brauchtum: Die Songs geizen nicht mit der Einbindung von Elementen aus dem Brauchtum. Da ist der im Türsturz aufgehängte Mistelzweig, unter dem sich das Paar küsst, neben den Sternen, dem Weihnachtsbaum, den Glöcklein und den Kerzen kommen sowohl die eingepackten Geschenke als auch das gute Essen in unterschiedlichen Liedern vor. Die Intensität, mit der die Liebe eingebunden ist, korrespondiert mit der Erwähnungsdichte der Brauchtumselemente. Sie geben Weihnachten ein eigenes Gesicht, sind aber nicht bloße Zutaten, sondern erscheinen als stimmiger Ausdruck von Harmonie, Liebe und Gastfreundschaft. Dort hinein passt der durch den Schornstein rutschende Santa (Claus), der schwebend irgendetwas mit dem Himmel zu tun hat – „santa (...), help me sneak up into heaven just one time (Santa, if you're there)". Die Herkunft dieser Figur aus der deutschen Romantik sowie der amerikanischen Werbung für Coca-Cola spielt keine Rolle.

Konsumkritik: In zwei Titeln findet sich eine Kritik am ausufernden Konsum zu Weihnachten. Dies hat aber keinen sozialen oder ethischen Hintergrund, sondern einen atmosphärischen. Denn der Einkauf ist anstrengend und hektisch. Er steht der Harmonie, der gemeinsamen Feier und der Konzentration auf die Familie entgegen.

Biblisch-christliche Tradition: Es findet sich in keinem der zwölf Lieder irgendein Bezug zum christlichen Gehalt des Weihnachtsfestes, zu Jesus, Betlehem, Maria, Hirten oder gar Inkarnation. Nicht einmal von der Geburt eines Kindes als eine Anspielung für den Grund von Weihnachten ist irgendwo die Rede. Von der biblischen Tradition werden lediglich die Engel erwähnt, aber auch hier z. B. einmal mit einem eher erotischen Hintergrund wie im zweiten Teil von „Blame It On The Mistletoe". Eine Begründung für Weihnachten als Fest des Christentums ist nicht einmal als Stichwort vorhanden. Hierbei handelt es sich zunächst nicht um einen völlig neuen Befund, auch einzelne Lieder aus der deutschsprachigen Romantik verzichten auf einen Bezug zum Christentum – z. B. „O Tannenbaum". Gleichwohl ist es hier bemerkenswert, weil der Verzicht konsequent durchgehalten wird.

Sprache: Nach einer jahrelangen Periode, in der Sarah Connor ihre Alben in deutscher Sprache veröffentlicht hat, bleibt sie nun ganz im Englischen. Die persönlichen, karrierebedingten oder kommerziellen Gründe für diese Wandlung sind hier kein Thema. Aus meiner Perspektive als Rezipient lässt sich feststellen, dass der englische Text den Abstand zur deutschsprachigen Weihnachtsliedertradition erhöht und den Eindruck von etwas Neuem verstärkt.

Titelliste: NOT SO SILENT NIGHT

Titel	persönlicher Höreindruck	Stichworte aus dem Text – inhaltlicher Überblick
Jolly Time Of Year	pfiffiger Swingjazz	banal-lustige Beschreibung der Wartezeit am Weihnachtstag
Ring Out The Bells	ordentlicher Beat, sehr gefällig mit guten Vocals und Choreinlagen	ein wenig Konsumkritik, lieber zuhause sein, Gäste, feiern, singen
Not So Silent Night	Rock	Familienchaos, Gäste, Großvater schnarcht, sonst sind alle laut – der Weihnachtsabend als betriebsames Familienfest
Blame It On The Mistletoe	Slowswing	Partner soll bleiben, Liebeslied, kein expliziter Weihnachtsbezug, der Mistelzweig weist auf die Beziehung hin

Titel	persönlicher Höreindruck	Stichworte aus dem Text – inhaltlicher Überblick
24th	Slowfox	Verkapptes Liebeslied: Der Geliebte ist weg, das ist gerade am 24.12. schmerzhaft.
(1,2,3,4) Shots Of Patron	Rhythm and Blues (R&B), rhythmisch recht pointiert	Mit ein wenig Alkohol – Patron-Tequila – wird Weihnachten gleich erotischer.
Christmas 2066	R&B, schwungvoll	Weihnacht 2066: Großeltern, Postkarten vom Mars, mit Enkel:innen und evtl. dem geliebten Du
Santa, If You're There	ruhige Popballade, Streicherbackground	Wunsch, die verstorbene Großmutter (?) möge wiederkehren, Weihnachten als Anlass für Erinnerung
Quiet White	R&B, durchgängige, hin und wieder solistische Klavierbegleitung, leise und zurückhaltende Ballade mit gehauchter Stimme	Schneefall als romantische Erinnerung, ein Geliebter ist so flüchtig und unberechenbar wie Schneefall – kein Weihnachten
Come Home	R&B, viel Text, auffällig: das syllabisch vertonte Wort „home"	Aufforderung an einen geliebten Menschen nach Hause zu kommen
I Think I'm In Love With You	ruhige Ballade, Streicherbegleitung recht deutlich	Liebeslied ohne benennbare Verknüpfung mit Weihnachten
Don't You Know That It's Christmas	ruhige Ballade, Streicherbackground	Absage an Konsumhaltung, denn die macht traurig – mehr der Harmonie der Tage widmen

2. Weihnachten deuten

Ein ganzes Dutzend neuer Lieder an und zu Weihnachten, die musikalisch munteren Mainstreampop bieten und textlich das Fest ausschließlich von seiner Form her begreifen, ist ebenso deutungsfähig wie interpretationsbedürftig. Aus den vielen Möglichkeiten der Analyse wähle ich eine aus, die für das Thema Weihnachten

nach der Wechselbeziehung der Songs zu kulturellen Umgebungs-
faktoren fragt. Wo liegt der religionskulturelle Ort dieser Lieder?
Wie kann ihre Eigenart religionskulturell bestimmt werden? Mit
Religionskultur ist das weite Feld der Begegnung religiöser und
kultureller Formen des Denkens, Fühlens und Handelns angesprochen. Sie kann zeigen, wie Religion durch kulturelle Elemente –
z. B. Musik – aufgenommen, verändert und gedeutet wird. Dies
kann ich hier nur exemplarisch versuchen, indem ich die CD in
gängige (religions)kulturelle Entwicklungen einordne. Dabei ist
nicht das hohe Ross theologisch ambitionierter Kulturkritik maß-
gebend, sondern wesentlich die Tatsache, dass der kommerzielle
Erfolg der CD schon im Dezember 2022 und im Winter 2023 ab-
sehbar ist. Diese Songs werden offensichtlich von vielen Menschen
gehört.

2.1 Kompensation gesellschaftlicher Krisen

Sarah Connor beschreibt in ihren Liedern Weihnachten als ein
ganz und gar privates Fest. Wichtige politische und kulturelle Pro-
zesse kommen nicht vor. Die gerade beendete Pandemie, der Krieg
gegen die Ukraine, der wohl am Ende des Entstehungsprozesses
der Songs auf der Insel Santorin begonnen hatte oder strukturelle
soziale, wirtschaftliche, religiöse oder migrationsgebundene Probleme werden nicht einmal angedeutet, geschweige denn mit
Weihnachten in eine produktive Beziehung gesetzt. Nun lässt sich
sagen, dass ein guter Teil der internationalen Popmusik entweder
eine heile Welt besingt oder private, meist beziehungsorientierte
Schwierigkeiten anspricht. Für die Aufnahme sozialer Probleme
oder gesellschaftlicher Kritik sind andere musikalische Gattungen –
z. B. Chanson, Formen des Rap – zuständig. Das Besondere dieser
CD liegt in der Konzentration auf Weihnachten, das hier ganz als
eine Auszeit vorgestellt wird, indem die vielen Kalamitäten aus
dem Rest des Jahres wenigstens für ein paar Tage weggesperrt sind.
Das ist weder neu noch untypisch für die Feier von Weihnachten.
Mit der Verbürgerlichung des Festes, der Konzentration auf Familie
und der Parallelisierung von Liebe und Familie seit dem 19. Jahrhundert hat die Praxis des Weihnachtsfestes diese Tendenz. Mit
elaborierten literarischen Mitteln und feiner Ironie hat schon Thomas Mann im Roman „Die Buddenbrooks" das bürgerliche Weih-

nachtsfest in seiner formalen Ausrichtung gleich zwei Mal thematisiert. Insofern stehen die Schilderungen von Sarah Connor durchaus in einer breiten Tradition, im Vergleich zu den Buddenbrooks wird ihr formaler Akzent noch wesentlich verstärkt. An Weihnachten konzentriert sich die bürgerliche Familie auf sich selbst, sie feiert das Fest in gewünschter, vielleicht nicht immer gelungener Harmonie. Die Weihnachtstage – meist gehen sie wie auch in den Texten der CD über Neujahr hinaus – gleichen die Anspannung des Alltags, die krisenhaften Nachrichten durch gutes Essen, Urlaub, Miteinander u. Ä. aus. Vielleicht gehen mindestens einige Lieder über diese Praxis sogar hinaus, indem sie musikalisch zwar nicht revolutionäre, aber immerhin etwas ungewohnte Klänge aus Swing und Jazz als Weihnachtsmusik der deutschen Familie anbieten. Die häusliche Besinnlichkeit erhält ansatzweise einen neuen, beschwingten Ton.

2.2 Reduktion christlicher Gehalte

Neben den familiären Feierformen steht im Christentum der großen Kirchen eine inhaltliche, aus den christlichen Denk- und Glaubenstraditionen kommende Deutung von Weihnachten. Dies lässt sich mit Sätzen verdeutlichen, die vom Wunder der Menschwerdung Gottes sprechen, die göttliche Offenbarung als Kind in der Krippe verkündigen und von der Geburt des Heilands aller Welt erzählen. Die große Bedeutung und hohe Wertschätzung lässt aus der Weihnachtsgeschichte eine der großen Erzählungen werden, die für die christliche Welt prägend ist. Da in dem Weihnachtsalbum von Sarah Connor diese Deutungsebene ganz wegfällt, spiegelt sich hier in einem sehr begrenzten, aber vielleicht symptomatischen kulturellen Zeugnis die postmoderne Skepsis gegenüber großen Erzählungen wider. Das wird in den Songs ganz offensichtlich nicht als Verlust empfunden, sondern als eine Dimension, auf die das Fest, die Feier verzichten kann. Es bleiben wichtige anthropologische Substrate – Liebe, Familie, Zuwendung, verselbständigtes Brauchtum –, die so wesentlich sind, dass sie sich auch ohne die große Erzählung besingen und praktizieren lassen. Vielleicht trägt die Reduktion auf die Form zur Verallgemeinerung, zur ‚Demokratisierung' des Weihnachtsfestes bei. In der Version dieser Lieder kann es von Menschen gefeiert und in seiner Gestalt – nicht in seinem genuinen Gehalt – ernst genommen, praktiziert und ggf. umgedeutet werden, die zum christlichen Glauben Abstand haben – vom Agnostiker bis hin zu Musliminnen und Konfessionslosen. War vor wenigen Jahren noch vom „Weihnachtschristentum" die Rede, mit dem das Verhalten sich nur noch okkasionell kirchlich-christlich gebender Menschen auf den Begriff gebracht werden sollte, so kann man nun auf dem Hintergrund der Songs von Weihnachtsmenschen reden. Das Christentum fällt weg. Und doch könnten die Lieder die Melodie einer ziemlich großen Erzählung anstimmen, die mit ‚Bürgerlichkeit' überschrieben ist. Sie beinhaltet einen geradezu biedermeierlichen Rückzug auf die eigenen vier Wände, die Hinwendung zu Musik, Essen und Trinken und die Hoffnung auf eine beschaulich-winterliche Natur.

2.3 Rücknahme ethischer Ansprüche

Es gibt eine eigentümliche, vielfach festgestellte Diskrepanz zwischen den bürgerlichen Weihnachtsritualen seit dem 19. Jahrhundert und dem ethisch-sozialen, bisweilen prophetischen Anspruch der Weihnachtserzählung im Lukasevangelium (Lk 2,1–20): Hier die wohlhabende Festkultur, dort die armselige Krippe, hier die Gemütlichkeit des eigenen Zuhause, dort der Aufbruch und die Ankunft im Stall, hier die Ansprachen von Staatsoberhäuptern, dort das Zeugnis der unbehausten Hirten, hier gefühlsbetontes Liedgut, dort der Gesang der Engel mit einem universalen Friedensaufruf usw. Eine mögliche Deutung dieser über lange Zeiträume und in vielen kulturellen Kontexten gewachsenen Transformation besteht in der Rücknahme allzu deutlicher, aufdringlicher ethisch-moralischer Implikationen. Zwar haben in manchen Kriegen an Weihnachten die Waffen geschwiegen und gesellschaftlich Ausgegrenzte finden am Fest etwas Obhut, aber Weihnachten ist in seiner Praxis nicht das große Weltverbesserungsfest. Diese Bescheidenheit hat sich in den letzten Jahren in eine deutliche Skepsis gegenüber ethischen Ansprüchen aus dem Christentum radikalisiert, weil die Moral der amtskirchlichen Repräsentanz dieser Ethik sich als jämmerlich, angepasst und missbräuchlich gezeigt hat. Ein kirchlich verfasstes Christentum, das zur Erlösung der Welt beiträgt, gerät unter Ideologieverdacht, wenn es den eigenen Laden nicht einigermaßen ordnungsgemäß gestalten kann. In diese prophetie- und moralskeptische Entwicklung passen die Christmas-songs von Sarah Connor reibungslos. Sie beziehen sich textlich auf kein spezifisch christliches Ethos, von der Armut des Kindes und des Stalles sind sie völlig unberührt. Sie sind im Vergleich zur biblischen Narration geradezu bescheiden, machen keine friedensethischen, nachhaltigen oder kapitalismuskritischen Vorschläge. Auch die Musik bietet durch die Möglichkeit zum Mitsingen keinen ästhetischen Aufbruch an, der die alte, tonal-harmonisch geprägte Gesangswelt hinter sich lassen würde. Selbst das Versprechen des Titels, not so silent zu sein, bezieht sich primär auf das familiäre Tageschaos und eher am Rande auf die musikalische Besinnlichkeit romantischer Weihnachtslieder. Die Songs der CD beinhalten keine Provokation und keinen Aufruf. Das sichert ihnen ein breites Publikum.

2.4 Romantisierung des Alltags

Gerade die Balladen, welche die CD beschließen, stellen eine recht eindringliche Beziehung zwischen Liebe, Hoffnung auf Präsenz der geliebten Menschen und dem Weihnachtsfest her. Es könnte sein, dass die Verknüpfung mit dem Fest die Lieder vor einem schlagerhaften Kitsch bewahrt. Sie könnten für eine – im epochalen Wortsinn – romantische Deutung zugänglich sein. Dieser Deutungsversuch beruft sich dabei auf eine Romantik, die Religion, das Erhabene wesentlich als Gefühl und nicht als Denksystem und Moralkodex begreift. Der Clou dieser Neuausrichtung am Beginn des 19. Jahrhunderts liegt darin, das Erhabene im Kleinen, das Geheimnisvolle im Gewöhnlichen, das Unbekannte im Bekannten zu sehen. Religion bildet demnach nicht einen eigenen Bezirk, der neben dem Gewöhnlichen angesiedelt ist, sie ist vielmehr eine Dynamik im Alltäglichen. So erhält der Alltag, das Ritual eine neue Würde. Das Einfache und Schlichte ist der Ort, der für die intensive, über sich hinausweisende Bedeutung des Lebens durchsichtig wird. Um diese Transparenz herzustellen, bedarf es der Kunst. Sie zeigt die Welt in ihrem Hinweis, sie gestaltet das Gefühl, das dem lebensweltlichen Tun und Lassen einen symbolisch-schwebenden Charakter zuerkennt. Kunst bewirkt dies ohne einen direkten, expliziten Bezug zu dem, was bislang als religiöse Tradition galt. Sie muss keine biblische Erzählung oder eine Heiligenfigur ins Bild setzen oder vertonen, sondern es reicht die Wucht, die Unmittelbarkeit eines Standbildes, einer Sonate oder einer metaphorisch angelegten Erzählung aus. Für die Songs von „Not So Silent Night" bedeutet dies nicht, sie als romantische Kunstwerke des 19. Jahrhunderts auszuweisen. Die Romantik könnte vielmehr auch gegenwärtig eine Verständnishilfe sein, die Weihnachten in einigen seiner Gehalte noch da erahnen lässt, wo die Inhalte, die Erzählungen nicht mehr auftauchen. Das meint keine apologetische Rettung von Christlichem und ebenso wenig eine Vereinnahmung ggf. nichtchristlicher Autoren und Autorinnen. Die Zuordnung versucht eher, der Verknüpfung von Songs, die als Weihnachtslieder bezeichnet werden, mit der Thematisierung von Harmonie, Liebe und hoffender Erwartung einen Hintergrund zu geben. Anders gesagt: Selbst wenn die Songs ein recht einfach gehaltenes Säkularisat des christlichen Weihnachten sind, teilt Sarah Connor in dieser Profanisierung doch noch mit, dass das Fest mit wichtigen, angenehmen Haltungen verbunden ist, die auf einer weihnachtlichen Brauchtumsebene ihre Verlebendigung finden. In der Ferne können die Hörerinnen und Hörer dieser CD, wenn sie selbst noch eine ungefähre Kenntnis weihnachtlicher Inhalte haben, an sie erinnert werden. Und für die Erinnerungslosen präsentiert sich Weihnachten als ein schönes, in seinem Brauchtum etwas skurriles Fest, das zu privatem und stimmigem Miteinander einlädt. Das Fest in dieser Weise an- oder umzudeuten ist weitaus besser als es stillschweigend und ersatzlos zu streichen.

Not So Silent Night (Album):
   https://music.youtube.com/playlist?list=OLAK5uy_
   lCFCSRAOZzG9IyXtNxh0AlhFg_gIz3BbY

Anmerkungen

[1] Vgl. z. B. www.youtube.com/watch?v=1gxAaGR03Vw

Der Weihnachtshit, der keiner sein sollte (und vielleicht deshalb so erfolgreich war)

„Stop the Cavalry" von Jona Lewie

Boris Kalbheim

Einleitung

Schnee, Familie, Herz – inhaltlich ist Weihnachtspop recht überschaubar. Auch musikalisch sind die Mittel eingeschränkt: Ein Viervierteltakt, das eher fröhliche Tongeschlecht Dur und ein paar Glocken, das sollte musikalisch in einem Weihnachtssong zu finden sein, damit die Leute so recht ins weihnachtliche Sentiment gleiten; wenn dann noch Worte wie „Christmas" oder „home" zu hören sind, steht einer Verbreitung des Liedes im Dezember nichts im Wege. Weihnachtspop ist das Genre der Kaufhäuser und der Radiostationen; spätestens ab dem ersten Advent beginnt all überall das Gedudel von weißer Weihnacht, von der Fahrt nach Hause und von Erinnerungen an die Kindheit. Den Text muss man nicht verstehen, der Kontext reicht völlig aus: Niemand interessiert sich für die zu Herzen gehende Geschichte eines Liedes wie „Last Christmas"; man hört es und es wird einem ganz weihnachtlich im Gemüt.

Daneben und dagegen gibt es andere Weihnachtslieder: die religiösen, die man in der Kirche singt, oder die Spottlieder, die den Spießbürger mit seiner Konsumweihnacht aufs Korn nehmen. Solche Lieder werden nicht erfolgreich, sie sind ihrer Sache verpflichtet, nicht dem finanziellen Gewinn. Und doch gibt es mindestens einen Weihnachtspopsong, der kommerziell erfolgreich war, auch ohne den üblichen Weihnachtskitsch. Und niemand hat den Erfolg kommen sehen, denn in diesem Lied wird ein anderes Weihnachten dargestellt: Da ist der Schnee kalt und die Gefahr tödlich, doch eine einzige Hoffnung hält den Sänger am Leben.

Die Zutaten dieses Liedes sind denkbar einfach: Ein eingängiger Rhythmus, eine Blaskapelle und ein etwas brummender Bariton – fertig war der britische Weihnachtshit des Jahres 1980: „Stop the Cavalry". In Deutschland wurde das Lied im März 1981 populär und blieb bis August 1981 in den offiziellen Charts. Ab 1985 wurde es in mindestens 50 Zusammenstellungen von Weihnachtsliedern aufgenommen, zum Jahreswechsel 2022/23 erschien es unerwartet wieder in den deutschen Singlecharts. Der Autor und Sänger Jona Lewie hat in vielen Interviews erzählt, dass er eigentlich keinen Weihnachtssong schreiben wollte. Aber weil das Lied im Herbst 1980 veröffentlicht werden sollte und an exponierter Stelle das Wort „Christmas" zu hören war, kam die Plattenfirma auf die Idee, ein paar Glockentöne einzubauen und auf den Weihnachtszug aufzuspringen. So die Legende von Jona Lewie, und sehr begeistert hat der sich nicht darüber gezeigt, auch wenn er zugibt, dass er mit diesem Lied mehr Geld verdient als mit allen seinen anderen Veröffentlichungen.

Ein Weihnachtslied, das keines sein sollte – und doch ein Lied, das genau zu Weihnachten passt. Dieses Lied wirft einen eigenen Blick auf Weihnachten, und sein Blick ist so verständlich, dass man ihn auch ohne größere Musik- und Englischkenntnisse versteht. Dabei lädt das Lied zum Hinhören ein, ausgehend von den musikalischen Mitteln bis zum genauen Verstehen des Textes. Dadurch wird die Botschaft des Liedes entfaltet, und mit ihr die Widerhaken, die dieses Lied jedem Weihnachtskitsch entgegenhält; und dann kann auch eine Hörerin, ein Hörer voller Skepsis gegenüber dem kommerziellen Weihnachtsrummel sich daran erfreuen, dass ein einzelner Sänger wie von ungefähr diese Konsumschlacht im Winter auf die andere, vielleicht richtige Seite gedreht hat.

Musikalische Besonderheiten

Musikalisch hat das Lied fast nichts mit dem üblichen Weihnachtspop zu tun. Es beginnt mit einem militärischen Trompetensignal, ein Trommelwirbel leitet über zur Basslinie im geraden Takt mit 100 Schlägen pro Minute. Dabei akzentuieren Bass und Trommel die erste Zählzeit streng synchron, so entsteht ein Rhythmus ohne Swing oder Leichtigkeit, ein Rhythmus, der eher Gleichschritt intendiert als Tanz und Harmonie: Es ist ein Marsch, und durch die

Blasinstrumente, die teils dem Gesang antworten, teils den Gesang unterstützen, hat dieser Marsch eine starke militärische Konnotation. Der Rhythmus wird während des ganzen Liedes streng eingehalten, musikalisch nennt man das ein Ostinato, und dieses Ostinato verbindet die unterschiedlichen Melodien und Abschnitte des Liedes.

Anhand der einzelnen Melodien lassen sich in diesem Lied drei Abschnitte identifizieren: Die erste Melodie trägt die Abschnitte, in denen erzählt wird. Nach der ersten und dritten erzählenden Strophe wird diese Melodie von den Bläsern wiederholt, dadurch wird sie eindringlicher wahrgenommen. Diese Melodie folgt dem Rhythmus und damit dessen militaristischem Charakter. Die zweite Melodie trägt die Abschnitte des Liedes, in denen Wünsche formuliert werden. Diese Melodie überbindet die Zählzeiten, dadurch entsteht der Effekt, dass sich die Melodie vom Rhythmus löst – wie ein Wunsch von der Wirklichkeit. Die dritte Melodie hat eingängige Phrasen, der Gesang hat keinen Text, er gipfelt am Ende in der zentralen Zeile des Liedes. Auf diese Weise entsteht ein längerer Refrain, den die Hörer mitsingen können, ohne dass sie die Worte lernen müssten; musikalisch gleicht diese Melodie die eher steigende zweite Melodie aus, um zum Grundton zurückzukehren.

Nicht nur der Rhythmus, auch die Auswahl der Instrumente orientiert sich an militärischer Musik. Erkennbar sind neben Bass und Schlagzeug nur die Blechbläser, eine Zusammenstellung von Blasinstrumenten unterschiedlicher Stimmlage, typisch für Militärmusik. Die weiteren Klänge stammen vom Synthesizer und sind keiner traditionellen Instrumentengruppe zuzuordnen. Durch diese Auswahl der Instrumente fällt die Stimme des Sängers deutlich auf, und Jona Lewie singt die drei Teile des Liedes bewusst auf unterschiedliche Weise: Die erzählenden Strophen werden wie ein Rezitativ vorgetragen, so kann man dem Text folgen; in den Strophen, in denen er von seinen Wünschen singt, werden die Vokale herausgestellt, um die Überbindungen zu verschärfen; der textlose Refrain klingt fast chorisch gesungen, das verstärkt die Einladung zum Mitsingen.

Durch diese musikalischen Mittel hat das Lied einen hohen Wiedererkennungswert: Kaum ertönt im Radio oder an der Kaufhauskasse das Trompetensignal, schon beginnt der Fuß den einfachen Takt mitzugehen. Gleichzeitig unterscheidet sich dieses

Lied musikalisch von allen anderen Weihnachtsliedern, religiösen wie säkularen; trotzdem hat es die Öffentlichkeit als ein Weihnachtspopsong akzeptiert. Außer der Erwähnung von Weihnachten im Text ist es möglicherweise diese musikalische Vielfalt, durch die auch ohne Textverständnis der Unterschied zwischen einer leidvollen Wirklichkeit und der unverwüstlichen Hoffnung emotional berührt. Gleichzeitig lädt der textlose Refrain zum Mitsingen ein, die Silben, die Jona Lewie alle mit dem Konsonant D beginnt, ziehen die Hörer mit bis zum Höhepunkt des Refrains „Whish I was at home for Christmas". Hier scheint der militärische Rhythmus von den mit Glocken untermalten Worten „home" und „Christmas" überwunden. Diesen Augenblick in der Mitte des Liedes, den Augenblick der Hoffnung, reizt Jona Lewie mit einem Zwischenspiel etwas aus, bevor er die Hörer mit einem unverhofften „Bang!" wieder in die Erzählung von Leid und Krieg zurückwirft.

Der Inhalt

Es gibt manche Spötter, die meinen: Fremdsprachige Lieder sind in Deutschland beliebt, weil man nicht dem Text folgen muss. Von Bing Crosbys „White Christmas" bleibt deutschen Ohren nur die Eingangszeile verständlich, das Lied „In dulci jubilo" kokettiert geradezu mit den lateinischen Halbsätzen, die im Gesangbuch eigens übersetzt worden sind. Auch der Text „Stop the Cavalry" wird in Deutschland kaum vollständig verstanden, doch durch eine geschickte Präsentation eingängiger Textzeilen erschließt sich der Inhalt des Liedes schon beim ersten Hören. Daher sollen zunächst diese textlichen Höhepunkte betrachtet werden, bevor der Inhalt vertieft betrachtet wird.

Die Höhepunkte

Drei Zeilen sind in diesem Lied besonders eingängig, jeder versteht ihren Sinn.

Stop the Cavalry. Diese Zeile erscheint dreimal im Lied und markiert die Endpunkte der erzählenden Strophen. Der Inhalt dieser Zeile ist auch für deutsche Ohren zu verstehen, formal ist sie in ihrer Knappheit einem Slogan der Antikriegsbewegung vergleichbar, wie zum Beispiel „Schwerter zu Pflugscharen" oder „Make love not war". Als ein Slogan gegen den Krieg ist diese Zeile auch gemeint, doch sie klingt im Kontext des Liedes eher wie eine Bitte und weniger wie ein Aufruf: Bitte, halte die Kavallerie doch an, wer immer auch die Möglichkeit dazu hat.

„Cavalry" meint die Reiterei, eine Waffengattung, die seit dem 20. Jahrhundert im Krieg keine Rolle mehr spielt. Es könnte an den musikalischen Voraussetzungen liegen, dass genau diese Waffengattung als pars pro toto für die Kriegsmaschinerie genommen wird: Das letzte Wort der Zeile muss dreisilbig sein, damit es zu Rhythmus und Melodie passt. Doch dieser Grund reicht zur Erklärung nicht aus, denn auch andere Waffengattungen werden mit dreisilbigen Wörtern benannt. Jona Lewie hätte auch „Stop the Infantry" singen können oder „Stop the Artillery". Inhaltlich wäre „Stop the Artillery" eindringlicher, denn die Waffen der Artillerie sind im Krieg moderner und tödlicher als jede Reiterei. Es muss also einen anderen Grund geben, warum die Kavallerie gestoppt werden soll, nicht die Luftwaffe oder Panzer. Wahrscheinlich ist es die historische Bedeutung der Kavallerie; in allen Kriegen bis zum Ersten Weltkrieg war die Reiterei die kriegsentscheidende Waffengattung, wie in der Gegenwart die Luftwaffe. Die Kavallerie steht somit nicht für einen bestimmten Krieg, insbesondere nicht für moderne Kriege, sie steht für den Krieg als solchen. Ähnlich wie im Slogan „Schwerter zu Pflugscharen" ganz biblisch von einer Waffe gesprochen wird, die seit Jahrhunderten keine militärische Bedeutung mehr hat, so fordert Jona Lewie das Ende des Krieges auf einer allgemeinmenschlichen Ebene, nicht nur das Ende des Krieges, der in den 80er-Jahren herrschte, als das Lied herauskam. In dieser Gegenwart herrschte in Europa der Kalte Krieg, ein Krieg, in dem zwar keine Soldaten fielen, der aber wichtige Ressourcen verschlang und die Menschen, gerade in Großbritannien und Deutschland, mit der Angst vor dem Atomtod in Atem hielt. Diese Angst war ein alltäglicher Begleiter, wie in der Gegenwart die Angst vor Terrorismus oder in der Zeit des Ersten Weltkriegs die Angst vor der Reiterei. Auf allgemeinmenschlicher Ebene ist der Anlass der Angst austauschbar, Angst bleibt immer Angst und Leid immer Leid. Wenn also die Kavallerie gestoppt werden soll, dann geht es um alle Kriege, um den Krieg als eine Politik der Angst.

Bang, that's another bomb on another town. Der Ausruf „Bang" zu Beginn der Zeile, eine Interjektion, bricht den sprachlichen Duktus des Liedes auf, das hat die genannte Auswirkung auf die Wahrnehmung von Wunsch und Wirklichkeit. Bombe, Stadt, Bang – kürzer ist ein Angriff auf Zivilisten wohl selten beschrieben worden. Drei Worte reichen aus, um das Kriegsleid der Zivilbevölkerung zu benennen. Hier stirbt eine andere Stadt, irgendeine, weder die erste noch die letzte. Welchen Zweck hat so ein Bombenangriff als nur den, möglichst viele Menschenleben zu vernichten? Das ist die zynische Logik des Krieges, und dieser Zynismus wird in der folgenden Zeile ebenso knapp wie treffend ausgemalt: „While the Zar and Jim have tea." In dieser Zeile verstecken sich durch den Hinweis auf den Zaren Verweise auf den Ersten Weltkrieg, auf die Verbrüderung von England (Jim) und Russland gegen das Nazireich im Zweiten Weltkrieg und auch auf die Konfrontation zwischen Ost und West im Kalten Krieg, wenn man „Jim" als Verkörperung der USA bzw. des Westens versteht. Durch diese beiden Zeilen wird die Spannung eröffnet zwischen den einfachen Soldaten und Zivilisten und den Staatslenkern, den einflussreichen Menschen: Während die Mächtigen sich entspannen, werden die Soldaten in den Krieg geschickt und die Zivilbevölkerung wahllos bombardiert. Ob die Mächtigen ihren Tee zu Hause trinken, oder, um den Zynismus vollständig zu machen, den Tee miteinander teilen, das bleibt in dieser Zeile offen, jeder kann es sich selbst ausmalen.

Wish I was at home for Christmas. Diese Zeile wird im Lied zweimal gesungen, einmal zum Höhepunkt des ersten erzählenden Abschnittes, das zweite Mal ganz am Schluss, beide Male gefolgt von einer instrumentalen Phrase. Die erste hält die Weihnachtsstimmung einen Moment, bevor die Erzählung von Krieg und Leid weitergeht, die zweite ist der instrumentale Schluss, die sogenannte Coda. Mit dieser Zeile wird das Wort Weihnachten in den Song hineingetragen, nichts deutet zuvor darauf hin, dass die Geschichte von Kriegsleid etwas mit Weihnachten zu tun haben könnte. Jona Lewie selbst hat immer wieder behauptet, dass er eigentlich keinen Weihnachtssong schreiben wollte, sondern ein Antikriegslied. Angesichts dieser Aussage kann man sich fragen: Wie kommt solch eine Zeile in das Lied? Und daran anschließend die wichtigere Frage: Was meint hier das Schlagwort Weihnachten?

Sprachlich ist diese Zeile ein Wunsch: Ich wünschte, ich wäre zu Weihnachten daheim. Die grammatische Form deutet an, dass dieser Wunsch wahrscheinlich nicht in Erfüllung geht, er bleibt nur ein schwacher Trost für die Soldaten an der Front. Jona Lewie verweist mit diesem Wunsch auch auf eine Zuversicht zu Beginn des Ersten Weltkrieges: „Weihnachten sind wir wieder zu Hause" – das war an allen Fronten der Slogan, mit dem im August 1914 der Hurra-Patriotismus befeuert wurde. Doch die folgenden Winter belehrten die Soldaten eines Besseren. Gab es 1914, zur ersten Kriegsweihnacht, an einigen Frontabschnitten noch den berühmten Weihnachtsfrieden, so wurde in den Jahren 1915, 1916 und 1917 der Zynismus dieses Slogans offenbar.

Es mag etwas weit hergeholt klingen, zum Verständnis dieser Zeile an den Ersten Weltkrieg zu erinnern, doch für diese Assoziation gibt es einige Gründe: In seinen eigenen Deutungen und im zugehörigen Videoclip verweist Jona Lewie selbst auf die Zeit des Ersten Weltkrieges, zudem war in den 70er- und 80er-Jahren der Erste Weltkrieg in England noch präsent. Es gab noch Großväter, die ihren Kindern davon erzählen konnten, und in England hatte der Zweite Weltkrieg nicht den gleichen Stellenwert wie in Deutschland. Daher ist diese Assoziation durchaus berechtigt, sie ist vor allem eine Art Aufhänger: Der Erste Weltkrieg steht für alle Kriege, das Leid ist überall gleich, ob in Verdun oder in Kiew.

Geschichte und Wunsch

Die musikalischen Mittel und die genannten Höhepunkte zeigen: Das Lied enthält eine Geschichte und einen Wunsch.

Die Geschichte beginnt mit einem Aufmunterungsbesuch von Herrn Churchill bei seiner Truppe. Churchill war und ist der bekannteste britische Politiker des 20. Jahrhunderts, er war der Gewinner des Zweiten Weltkrieges, hatte aber im Ersten Weltkrieg eine bittere Niederlage der britischen Armee zu verantworten. Berüchtigt war er für seine Durchhalteparolen. Eine Sentenz von Churchill ist auch in Deutschland bekannt geworden: „I have nothing to offer but blood, toil, tears and sweat." Auf diese Parole von Churchill beruft man sich bis heute, wenn man von Blut, Schweiß und Tränen spricht, um Krieg zu rechtfertigen und Menschen in den Tod zu schicken. Doch für die kämpfende Truppe sind solche Parolen kein Trost: Sie fühlen nur den kalten Schnee, die Härte des Kämpfens und die Unverständlichkeit der Befehle, wenn man gegen den Feind marschiert und wieder zurück, ohne einen Sinn

darin zu finden. Gegen solche Parolen stellt der Soldat nur noch
seine eigene Bitte, den Krieg aufzuhalten.

Der zweite Teil dieser Geschichte beschreibt den Krieg als universales Phänomen. Die Soldaten kämpfen fast jeden Tag, und
zwar nicht nur einmal, sondern durch die Jahrhunderte. So geht
es Jona Lewie als Soldaten um mehr als um die eigene Rettung, es
geht ihm darum, den Krieg als solchen aufzuhalten. In diese Bitte
bricht zum ersten Mal der Wunsch ins Leben ein, denn der Soldat
weiß, dass seine Frau oder Freundin zu Hause auf ihn wartet. Zu
gerne wäre er jetzt dort, auch wenn diese Heimat im Gefahrenbereich eines nuklearen Niederschlags liegt, also ebenfalls vom
Krieg und seinen Folgen bedroht ist. Der Soldat will in den Armen
seiner Frau tanzen; tanzen ist hier der Kontrapunkt zur Tätigkeit
des Krieg Führens, wie der Kampf ist der Tanz eine gemeinschaftliche Tätigkeit, im Unterschied zum Kampf werden beim Tanz
beide glücklich. Der textlose Refrain danach kann als ein Augenblick des Wunsches angenommen werden, er gipfelt in der Zeile
„wish I was at home for Christmas". Doch, wie schon gezeigt, trifft
dieser Wunsch auf die harte Wirklichkeit eines Krieges, in dem
einzelne Bomben ganze Städte vernichten – wie Hiroshima oder
Nagasaki; Stadtnamen, die 1980 wie heute die nukleare Bedrohung
der Menschheit versinnbildlichen. Die eigentlichen Drahtzieher
aber, die Führer der Kriegsparteien, kümmern sich lieber um ihr
persönliches Wohlbefinden.

Was kann man jedoch dagegen tun? Davon berichtet der zweite
erzählende Abschnitt: Zunächst muss man überleben, um die Geschichte des Krieges richtig zu erzählen. Richtig, das heißt hier: Aus
Sicht der einfachen Soldaten, nicht aus Sicht der Mächtigen wie
Jim, Winston Churchill oder dem Zaren. Und wie in einem wahnwitzigen Plan will der Soldat sich politisch engagieren, um die
Macht zu bekommen und die Kavallerie, den Krieg zu beenden.
Nach dem zweiten Refrain wird der Wunsch des Liedes mit neuen
Worten wiederholt, der Wunsch nach der Nähe zur Freundin im
Tanz. Diese Freundin wartet schon zwei Jahre auf ihren Freund
und hofft wahrscheinlich wie dieser auf seine Rückkehr. Mit dieser
lapidaren Zeitangabe endet die Erzählung, es bleibt als letzter
Wunsch, zu Weihnachten zu Hause zu sein. Nach diesem Wunsch
läuft die Musik in der Coda aus, zuerst endet das Schlagzeug und

damit der Marschtakt, dann die Bläsergruppe im Schlussakkord –
ein einfaches, leicht verständliches Ende des Liedes.

Die Botschaft

Ganz Deutschland feiert Weihnachten, Christen wie Nichtchristen.
Das kann einfach eine Tradition sein, ein Brauch, den man halt
begeht, weil es schon immer so war. Oder man feiert Weihnachten,
weil in diesem Fest eine gute Botschaft erkennbar wird, an die man
sich erinnern will. Doch was genau ist die Botschaft von Weihnachten?

Das Ereignis der Geburt Jesu wird in den Evangelien nach Matthäus und nach Lukas erzählt. Das Evangelium nach Markus beginnt erst mit der Taufe Jesu, das Evangelium nach Johannes besingt die Menschwerdung Gottes in einem philosophisch geprägten
Text, der im griechischen Original hymnische Qualitäten hat. Matthäus nennt nur einige wenige Geschehnisse, er interessiert sich
ausschließlich für die Herkunft Jesu. Lukas hat eine kunstvolle Vor-
geschichte zum Wirkens Jesu komponiert, auf dieser Geschichte
beruhen die meisten weihnachtlichen Traditionen. Matthäus und
Lukas kommen darin überein, dass Jesus in Bethlehem von der
Jungfrau Maria geboren worden ist, und dass sein irdischer Vater
der Zimmermann Josef war; damit sind die Übereinstimmungen
schon aufgezählt. Gerade die Verkündigung der Geburt, ihre öffentliche Wirkung, ist in den beiden Evangelien unterschiedlich dargestellt: Matthäus berichtet von Weisen, die einem Stern folgen
(Mt 2,1–12); Lukas von Hirten auf dem Feld. Denen erscheint der
Engel des Herrn, und sie eilen daraufhin zur Krippe (Lk 2,8–20).

In den Evangelien geht es darum zu zeigen, dass Jesus tatsächlich derjenige Erlöser ist, der im Alten Testament versprochen wird;
dieser Erlöser befreit das Volk Gottes und wird als rechtmäßiger
Herrscher Gottes Willen erfüllen. Bei genauem Hinsehen entdeckt
man hier ein Paradox: Wie soll ausgerechnet ein Kind das Volk
befreien; ein Kind in Windeln, wie Lukas zweimal explizit heraus-
stellt? Zum Retter ihres Volkes, gar der Menschheit, haben sich
schon viele Erwachsene ausgerufen, ob sie Revolutionäre waren
oder Eroberer. Alle diese erwachsenen Retter kommen darin überein, dass auf dem Weg der Befreiung gekämpft werden muss, konkret gesagt: dass Soldaten vor der Erlösung sterben müssen. Auch

Winston Churchill, der große Beschützer Englands, kündigte für die Rettung Englands Blut, Schweiß und Tränen an – natürlich nicht sein eigenes Blut. Kann das ein wahrer Retter sein? Oder nur ein Retter seiner selbst, wie der Zar und Jim, die sich um ihren Tee kümmern?

Dem gegenüber wird zu Weihnachten der Erlöser, dieses Kind, von den Engeln angekündigt, und die Engel zeigen den Hirten auch die Folgen dieser Geburt auf: „Frieden auf Erden!" (Lk 2,14). Dieser Wunsch nach Frieden ist zu einem zentralen Motiv des Weihnachtsfestes geworden: Ein Erlöser, ein Retter, der allen Menschen Frieden bringt. Dieser Erlöser ist Gott selbst, und seine Erlösungstat vollzieht sich am Kreuz und in der Auferstehung. Über 1000 Jahre war diese Botschaft der Inkarnation der Kern des Weihnachtsfestes, bis Reformation, Revolution, Aufklärung und Industrialisierung dazu führten, dass diese Botschaft nicht mehr verständlich war.

Im 19. Jahrhundert hat sich gerade in Deutschland und England die säkulare, bürgerliche Weihnacht entwickelt. Wenn man einen Markstein für diese Entwicklung suchen will, dann kann man das Lied „O Tannenbaum" nehmen, es entstand zu Beginn des 19. Jahrhunderts und ist eines der ersten Weihnachtslieder ohne religiösen Inhalt. Dieses Lied beschäftigt sich ausschließlich mit der Natur, wie der Klassiker aller Weihnachtspopsongs „White Christmas". Doch während „White Christmas" einfach von Schnee am 25. Dezember handelt, wird der Tannenbaum im deutschen Lied zu einem Symbol der Beständigkeit auch im Winter. Seit diesem Lied hat sich die säkulare Weihnacht von den religiösen Wurzeln gelöst und eine eigene Festtradition begründet, daher ist es verständlich, dass die totalitären Ideologien in Deutschland versucht haben, die Festtradition der bürgerlichen Weihnacht zu okkupieren.

Gegenwärtig stehen sich religiöse und säkulare Weihnacht in gewisser Weise feindlich gegenüber: Die säkulare Weihnacht erscheint religiösen Menschen als sinnentleertes Fest, seine Riten gelten als Tünche über familiärem Streit, sein Kern als Auswuchs des Konsumterrors. Umgekehrt können säkulare Menschen im religiösen Weihnachtsfest die süßliche Glorifizierung von Elend und Leid finden und ein Fest sehen, in dem Armut verklärt und verkitscht wird. In einem Aspekt aber sind sich religiöse und säkulare Menschen einig, wenn sie Weihnachten feiern: Es soll Frieden sein.

Friede in den Häusern, Frieden der Gemeinschaft der lieben Menschen; man will Zuneigung zeigen und erhalten.

Genau darum geht es Jona Lewie in seinem Lied: Um Frieden, und mit den Engeln aus dem Lukasevangelium kann man hinzusetzen: Um Frieden auf Erden. Der Krieg, das ist der grauenvolle Weg in den Tod, nicht nur in den physischen Tod, sondern ebenso in den sozialen Tod, in Einsamkeit und Resignation. Frieden, das ist der Wunsch nach Ruhe, Harmonie und Gemeinsamkeit mit Menschen, die man liebt. Jona Lewie entfaltet diesen Wunsch nach Frieden in drei Aspekten: In der flehenden Bitte um das Schweigen der Waffen, in der Sehnsucht nach Liebe und Heimat sowie in der Hoffnung auf eine Friedenspolitik. Jeder Aspekt zerschellt an der Wirklichkeit: Die Waffen schweigen nicht, die Soldaten müssen marschieren und kämpfen. Die Heimat ist durch die nukleare Bedrohung gefährlich geworden, die große Politik will keinen Frieden, sondern Krieg. Auch der utopische Plan, dass der Soldat selbst an der Macht teilnimmt, zerfällt angesichts dieser Kriegsordnung, aber als Wunsch bleibt das Überleben in der Gemeinschaft.

Dieser Aufruf zum Frieden, das war die erste Idee, die Jona Lewie zu seinem Lied gebracht hat, und damit hat er denjenigen Aspekt der Weihnachtsbotschaft aufgenommen, der alle Grenzen überschreiten kann, der universale Aspekt von Weihnachten: Wunsch nach Frieden.

Doch darin gibt es Differenzierungen: Die bürgerliche Weihnacht will Frieden schaffen durch Kitsch, Geschenke und gutes Essen; die christliche Weihnacht hofft auf einen Frieden, der von Gott ausgeht. In seiner Hoffnung auf Frieden kann Jona Lewie nicht so weit gehen wie die christliche Hoffnung, er kann nicht einfach religiös werden, wenn er universell sein will. Aber er geht weiter als der billige familiäre Friedenswunsch der bürgerlichen Weihnacht: Was nützt der heimische Friede, wenn der Soldat an der Front ist? Was hilft es, zu Hause zu sein, wenn der Liebste in Gefahr ist? Die bürgerliche Weihnacht kann nur gerecht gefeiert werden, wenn überall Friede herrscht, nicht nur im eigenen Wohnzimmer. Jona Lewie geht über eine billige Friedensrhetorik hinaus: Er kontrastiert das menschliche Leiden in der Wirklichkeit mit dem Wunsch nach Weihnachtsfrieden, dadurch wird die Wirklichkeit plastisch und der Wunsch notwendig.

Nur Christen können zu Weihnachten die Geburt Jesu als Inkarnation feiern, doch die Hoffnung auf Frieden, die einigt alle Menschen, vor der Krippe wie unterm Tannenbaum; und je größer die Kriegsgefahr, desto dringender der Wunsch nach wahrem Frieden. Ob Jona Lewie wirklich keinen Weihnachtspopsong schreiben wollte, das wird wohl sein Geheimnis bleiben, doch er hat dem Genre Weihnachtspop eine eigene, besondere Variante hinzugefügt – und das Publikum hat das vielleicht nicht verstanden, aber sicher gefühlt.

Stop the Cavalry:
  https://music.youtube.com/watch?v=jnc8166dPeY

„War Is Over": Anmerkungen zum politischen Weihnachtslied im 20. Jahrhundert

Richard Nate

Zu den in der Weihnachtszeit viel gehörten Liedern gehört auch das 1971 entstandene *Happy Xmas / War Is Over* von John Lennon und Yoko Ono. Dass das Lied zu seiner Zeit nicht nur als musikalischer Weihnachts- und Neujahrsgruß gedacht war, dürfte heute allerdings nicht mehr sehr vielen Hörerinnen und Hörern bewusst sein. Dabei finden sich im Text durchaus Hinweise. Nicht nur der zweite Teil des Titels, sondern auch die rhetorische Frage „And so this is Christmas, and what have you done? / Another year over, a new one just begun" lässt erahnen, dass es im Lied um mehr gehen könnte als um die üblichen „Season's Greetings". Auch wenn man in Rechnung stellt, dass Weihnachten gemeinhin als Fest des Friedens bekannt ist, mag sich beim Hören des Liedes die Frage stellen, worauf sich eine Zeile wie „War is over, if you want it / War is over now" und der Aufruf „Let's stop all the fight" einmal konkret bezogen haben.

Festzustellen ist, dass es sich bei *Happy Xmas / War Is Over* um eine zeitbezogene musikalische Stellungnahme handelt, deren konkreter Hintergrund sich im Laufe der Jahrzehnte weitgehend verloren hat. Den unmittelbaren Kontext bilden die damaligen Proteste gegen den Vietnamkrieg, die um 1970 ihren Höhepunkt erreichten. Der Veröffentlichung des Liedes war eine zweijährige Kampagne vorausgegangen, mit der Lennon und Ono sich zu Wortführern des Protests gemacht hatten. Auf Plakaten, die in einigen US-amerikanischen Großstädten zu sehen waren, wurde den Bürgerinnen und Bürgern des Landes in Form eines Weihnachtsgrußes mitgeteilt, der Krieg sei beendet, sofern sie es denn wollten: „War is over. If you want it. Happy Xmas from John and Yoko". Dabei handelte es sich um einen provokatorischen Akt, der für die von politischen „Happenings" geprägte Zeit keineswegs untypisch war. Yoko Ono hatte sich, bevor sie Lennon kennenlernte, bereits als Performance-Künstlerin hervorgetan, und auch die anarchistisch ausgerichtete „Yippie"-Bewegung hatte sich für ihre Protestaktionen der Form des Happenings bedient. Inwieweit Lennon und Ono sich auch von einer Kampagne inspirieren ließen, die der Songschreiber und Yippie-Mitbegründer Phil Ochs 1967 initiiert hatte, lässt sich heute nur noch schwer beurteilen. „I declare the war is over", heißt es in einem Lied, das Ochs für die Kampagne geschrieben hatte. Jeder, der weiter an die Existenz des Krieges glaubte, sollte von nun an als geistesgestört gelten. Wie immer man jedoch die Frage der Urheberschaft beantworten möchte, es besteht kein Zweifel daran, dass *Happy Xmas / War Is Over* den zeitgenössischen Protesten gegen den Vietnamkrieg zuzuordnen ist. In dieser Hinsicht besitzt das Lied einen politischen Charakter.

Wo genau die Grenzen zwischen dem Weihnachtslied und dem politischen Popsong bzw. Protestsong zu ziehen sind, ist keine leicht zu beantwortende Frage. Schon in einem frühen Kirchenlied wie Martin Luthers *Ein feste Burg ist unser Gott* überlagern sich religiöse und politische Aspekte. Nicht zuletzt stellte dieses Lied einen Solidaritätsappell an protestantische Mitstreitende dar. Mit dem Verweis auf eine „Not, die uns jetzt hat betroffen" besaß es einen klaren Aktualitätsbezug.[1] Zwar ist mit dem im Text ebenfalls erwähnten „alt böse[n] Feind" ganz offensichtlich der Teufel gemeint, doch dürften nicht wenige Lutheraner dabei auch an das damalige Papsttum gedacht haben. Inwieweit auch Weihnachtslieder einen Aktualitätsbezug aufweisen können, soll im Folgenden zunächst anhand einiger im Protestklima der US-amerikanischen 1960er und 1970er Jahre entstandenen Lieder illustriert werden. Angesichts gesellschaftlicher Probleme im eigenen Land und des anhaltenden Kriegs in Südostasien wurde in diesen Liedern zumeist eine Rückbesinnung auf die biblische Botschaft eingefordert. Anhand von Liedern aus der NS-Zeit lässt sich hingegen aufzeigen, dass eine Politisierung des Weihnachtsliedes auch in ganz andere Richtungen gehen konnte. Die Versuche von NS-Funktionären, Weihnachten zu einem „germanischen" Winterfest umzufunktionieren, blieben dabei, wie zwei Liedbeispiele von Jochen Klepper und Dietrich Bonhoeffer abschließend deutlich machen sollen, nicht ohne Widerspruch.

1. „No Christmas in Kentucky":
Kulturkritik und Pazifismus der 1960er Jahre

Bedenkt man, dass zu Weihnachten traditionell die Geburt des im Buch Jesaja verheißenen „Friedefürsten" und „Gottesknechts" gefeiert wird (vgl. Jes 9,5.42,1–9), dann bieten sich Aktualisierungen geradezu an. Schließlich wird in den Evangelien nicht nur eine Feindesliebe eingefordert, die jegliche Form von kriegerischer Auseinandersetzung eigentlich verbieten müsste, sondern auch die Verantwortung gegenüber sozial Benachteiligten. Wenn es in dem im 16. Jahrhundert entstandenen Lied *Lobt Gott, ihr Christen alle gleich* heißt, mit der Geburt Jesu habe sich der „Schöpfer aller Ding" in ein verletzliches Kind verwandelt, das „elend, nackt und bloß" in seiner Krippe liege,[2] dann drückt sich darin der Gedanke einer Solidarisierung Gottes mit den Menschen aus. Weiter heißt es im Lied, Gott habe sich „niedrig und gering" gemacht und „eines Knechts Gestalt" angenommen. Zieht man zusätzlich in Betracht, dass Jesus sich im Neuen Testament mit den Benachteiligten dieser Welt identifiziert („Was ihr getan habt einem von diesen meinen geringsten Brüdern, das habt ihr mir getan", Mt 25,40), dann liegt der Gedanke, das Weihnachtsfest zum Anlass für Sozialkritik zu nehmen, keineswegs fern. Dabei sind es in der Regel bestimmte Praktiken des Weihnachtsfestes, die in Liedern kritisiert werden. Insofern eine Vernachlässigung der biblischen Botschaft beklagt wird, besitzen sie einen durchaus konservativen Charakter. Dies muss allerdings nicht bedeuten, dass sich Weihnachtslieder nicht auch für Instrumentalisierungen im Interesse rein politischer Zwecke eigneten. Nicht in jedem Falle werden die Grenzen hier eindeutig zu ziehen sein.

Woody Guthries 1944 entstandene Ballade *1913 Massacre* ist ein Beispiel für ein sozialkritisches Weihnachtslied. Der US-amerikanische Liedermacher beschrieb darin einen Vorfall, der sich zu Beginn des Jahrhunderts unter streikenden Minenarbeitern im Bundesstaat Michigan ereignet hatte. Als Quelle diente ihm eine Schilderung aus Ella Reeve Bloors vier Jahre zuvor erschienener Autobiographie *We Are Many*. Demnach hatten während einer Weihnachtsfeier, die von Arbeitern des Ortes Calumet organisiert worden war, angeheuerte Streikbrecher einen Feueralarm fingiert. In der Folge brach eine Panik aus, bei der zahlreiche Menschen, insbesondere Kinder, ihr Leben ließen. In Guthries Lied wird zunächst die ausgelassene Stimmung am Beginn der Feier beschworen. Ein Erzähler nimmt die Zuhörenden gleichsam an die Hand und führt sie in den Festsaal: „I let you shake hands with the people you see / And watch the kids dance 'round the big Christmas tree."[3] Dann werden sie eingeladen, in Gedanken an dem Fest teilzunehmen: „Before you know it, you're friends with us all, / And you're dancing around and around in the hall." Angesichts der allgemeinen Festfreude, so heißt es weiter, bemerke niemand, dass sich vor dem Gebäude einige Schlägertypen versammelt haben. Erst jetzt wechselt der Erzähler in das Tempus der Vergangenheit, reklamiert aber weiterhin eine Augenzeugenschaft. Nach der Panik liegen Kinder, die man kurz zuvor noch tanzen sah, als Leichen unter dem Christbaum. Das Lied endet mit einem an die Bergwerksbetreiber gerichteten Vorwurf: „The piano played a slow funeral tune / And the town was lit up by a cold Christmas moon. / The parents, they cried and the miners, they moaned, / ‚See what your greed for money has done.'"

Inwieweit Guthries Darstellung des Vorfalls auch religiös motiviert war, lässt sich nicht mit Sicherheit feststellen. Zwar war der Songschreiber im so genannten „Bible Belt" aufgewachsen, doch stand er in den 1930er und 1940er Jahren auch der Kommunistischen Partei nahe und dürfte in Jesus von Nazareth eher einen Sozialrevolutionär als einen Messias gesehen haben. So heißt es in einem 1940 verfassten Lied: „Jesus Christ was a man that travelled thru the land / And a hard working man, and brave, / He said to the rich, give your goods to the poor, / So they laid Jesus Christ in his grave."[4] Dass eine solche Deutung des Neuen Testaments im politisch aufgeladenen Klima der 1930er und 1940er Jahre nichts Ungewöhnliches war, zeigt ein Blick in John Steinbecks Bestseller *The Grapes of Wrath* (1939). Hier ist es der Wanderprediger Jim Casy, dessen Initialen nicht zufällig gewählt sind, der im Laufe der Handlung eine Politisierung erfährt und damit zum Vorbild für den Protagonisten Tom Joad wird. Dass Guthrie 1940 eine Ballade mit dem Titel *Tom Joad* verfasste, die den Inhalt von Steinbecks Roman zusammenfasst, erscheint in dieser Hinsicht bezeichnend.

In den frühen 1960er Jahren zählte der aus dem Mittleren Westen stammende Bob Dylan zu den Bewunderern Guthries. Er suchte den inzwischen unheilbar erkrankten Songschreiber in einem New Yorker Krankenhaus auf und widmete ihm seinen *Song to Woody*. Wenig später entstand das Gedicht *Last Thoughts on Woody Guthrie*, in dem Dylan den Sänger aus Oklahoma zum moralischen Gegenpol einer Gesellschaft stilisierte, deren Mitglieder einem Hang zur Selbstdarstellung verfallen sind. Das Weihnachtsfest fungiert in dieser Gesellschaft allenfalls noch als willkommene Gelegenheit zur Pflege persönlicher Eitelkeiten. Die Rede ist von „chocolate cake voices / That come knockin' and tappin' in Christmas wrappin' / Sayin' ain't I pretty and ain't I cute and look at my skin / Look at my skin shine, look at my skin glow / Look at my skin laugh, look at my skin cry."[5] In Dylans einige Jahre später entstandenem *It's Alright Ma, I'm Only Bleeding* nimmt Weihnachten die Form einer Konsumorgie an. Neben Kriegsspielzeugen für Kinder finden sich auf den Gabentischen auch so fragwürdige Devotionalien wie „flesh-colored Christs that glow in the dark". „It's easy to see without looking too far / That not much / Is really sacred" lautet das Fazit.[6]

Im Gegensatz zu Dylan, dem 2016 der Literaturnobelpreis verliehen wurde, dürfte der Name des schon erwähnten Songschreibers Phil Ochs heute nicht mehr sehr vielen Menschen geläufig sein. In seinem Lied *No Christmas in Kentucky* beklagte auch er sich darüber, dass das Weihnachtsfest mehr und mehr zu einem Konsumereignis verkommen sei. Zumindest gelte dies für die großen Städte. In den ärmeren Gegenden des Landes gäbe es noch immer Familien, die nicht einmal über das zum Leben Notwendige verfügten. Das Weihnachtsfest des Jahres 1963 verbrachte Ochs im Ort Hazard in Kentucky, wo er mit seiner Musik streikende Minenarbeiter unterstützte.[7] Die Eindrücke verarbeitete er in dem genannten Lied, in dem Bilder einer urbanen Schaufensterwelt mit solchen ländlicher Armut kontrastiert werden. Es beginnt mit den Zeilen: „Christmas shoppers shopping on a neon city street, / Another Christmas dollar for another Christmas tree. / There's satin on the pretty dolls that make the children glow, / While a boy is walking ragged in the cold Kentucky snow." Im Refrain heißt es dann unter Anspielung auf den bekannten Weihnachtsschlager *Jingle Bells*: „The trees don't twinkle when you're hungry, / And the jingle bells don't jingle when you're poor."[8] Auch an Sarkasmus wird nicht gespart. So wird ein ironischer Toast auf die Kongressabgeordneten ausgegeben: „Have a merry, merry Christmas and a happy new year's day, / For now's a time of plenty, and plenty's here to stay." Um kein Missverständnis aufkommen zu lassen, wird im unmittelbaren Anschluss an die Botschaft des Evangeliums erinnert. Wenn Christus irgendwo zu finden sei, dann nicht in den Konsumtempeln der Innenstädte, sondern mitten unter den Bedürftigen: „But if you knew what Christmas was, I think that you would find, / Christ is spending Christmas in the cold Kentucky mines." Was das kapitalistische Amerika als Weihnachten inszeniert, so suggeriert das Lied, ist in Wahrheit nichts weiter als ein Tanz ums goldene Kalb.

Waren Ochs' frühe Lieder trotz deutlicher Gesellschaftskritik noch von Optimismus hinsichtlich der Entwicklung der US-amerikanischen Gesellschaft geprägt, so verfinsterte sich der Blick des Songpoeten in den nachfolgenden Jahren zunehmend. In *The Crucifixion* (1967) wird Jesus von Nazareth als eine Figur gezeichnet, deren Mission von vornherein zum Scheitern verurteilt ist. Über seine Geburt heißt es: „In the green fields of turning a baby is born. / His cries crease the wind and mingle with the morn. / An assault upon the order, the changing of the guard / Chosen for a challenge that's hopelessly hard." Zwar mag am Himmel tatsächlich so etwas wie der Stern von Bethlehem zu sehen sein, doch geht von ihm keinerlei Botschaft aus: „And the only single sign is the sighing of the stars, / But to the silence of the distance they're sworn."[9] Unter solchen Vorzeichen bleibt auch die christliche Botschaft ungehört. Der auf dem Wasser wandelnde Messias kann die am Ufer stehenden Menschen nicht erreichen: „So he stands on the sea and shouts to the shore, / But the louder that he screams, the longer he's ignored." Die Kreuzigung erscheint im Lied schließlich als ein eigens für die sensationslüsternen Massen inszeniertes, grausames Spektakel. Noch bevor sie an ihr Ende gelangt ist, giert das Publikum bereits nach der nächsten Vorführung.

In ihrem Lied *Little Wheel Spin and Spin* charakterisierte auch die indigene Songschreiberin Buffy Sainte-Marie, deren Antikriegslied *Universal Soldier* in den 1960er Jahren durch eine Vertonung von Donovan Leitch weltweit bekannt wurde, das moderne Weihnachtsfest als eine gottesferne Veranstaltung. In der ersten Strophe des mit religiösen Metaphern durchsetzten Liedes heißt es mit ähnlich sarkastischem Unterton wie bei Phil Ochs: „Merry Christmas, jingle bells, / Christ is born and the devil's in the hell / Hearts they shrink, pockets swell, / Everybody know and nobody tell."[10] Nicht das Prinzip Hoffnung, sondern die Warnung vor einer bevorstehenden Apokalypse dominiert den Text. Damit diese nicht eintrete, sei jeder Einzelne gefordert, denn letztlich seien auch die kleinsten Räder mit dem großen Rad der Geschichte eng verzahnt. Die um sich greifende Vergnügungssucht dagegen erscheint im Lied wie die Vorbereitung auf einen gigantischen Totentanz: „Swing your girl, swing and sway, later on the piper pay / Doe-cee-doe, swing and sway, the dead will dance on judgement day."

Auch das erfolgreiche Duo Simon & Garfunkel machte in diesen Jahren auf den Widerspruch zwischen bürgerlicher Selbstzufriedenheit und der Zunahme gesellschaftlicher Konflikte aufmerksam. In *Seven O'Clock News / Silent Night* beließen sie es nicht bei einer Einspielung des 1818 von Franz Xaver Gruber und Joseph Mohr verfassten Liedes *Stille Nacht, heilige Nacht* in englischer Übersetzung, sondern legten über den harmonischen zweistimmigen Gesang die sich mehr und mehr in den Vordergrund drängende Stimme eines fiktiven Nachrichtensprechers. Die nüchterne Realität der 1960er Jahre verdrängt allmählich die im Lied geschilderte Idylle. In der täuschend echt wirkenden Nachrichtensendung ist unter anderem von Problemen auf dem Wohnungsmarkt die Rede. Ein von Martin Luther King hierzu geplanter Protestmarsch in Chicago, so heißt es, stoße bei der lokalen Behörde auf Kritik. Während Simon und Garfunkel Sätze wie „all is calm, all is bright" intonieren, verkündet der Nachrichtensprecher, es werde bereits überlegt, die Nationalgarde gegen die Protestierenden einzusetzen.[11] Nach dem Verlesen von Nachrichten über einige Mordtaten rückt der Vietnamkrieg in den Fokus. Das Komitee für unamerikanische Umtriebe (House Un-American Activities Committee, kurz: HUAC), so heißt es, sei bereits mit der Durchleuchtung von Friedensaktivisten befasst. Der ehemalige Vizepräsident und zukünftige Präsident Richard Nixon wird mit der Aussage zitiert, die Vereinigten Staaten müssten sich auf fünf weitere Jahre Krieg in Vietnam einstellen. Dass all dies im drastischen Widerspruch zur im Lied beschworenen „stillen Nacht" steht, bedarf keiner näheren Erläuterung.

Zu den politisch engagierten Kunstschaffenden der 1960er Jahre zählte auch Joan Baez. Nachdem sie 1966 ein Album mit traditionellen Weihnachtsliedern eingespielt hatte, schilderte sie

auf ihrem 1973 erschienenen Album *Where Are You Now, My Son?*
persönliche Erlebnisse während einer Kriegsweihnacht in der nord-
vietnamesischen Hauptstadt Hanoi. Sich als Mitglied einer internationalen Delegation in der Stadt aufhaltend, konnte sie nicht damit
rechnen, dass der damalige US-Präsident Nixon einen massiven
Luftangriff auf Hanoi anordnen würde. Auf dem Album ist eine
gesprochene Ballade mit Klavierbegleitung zu hören, die immer
wieder von O-Tönen unterbrochen wird. Die Aufnahmen stammten von einem tragbaren Tonbandgerät, das Baez während der
Bombenangriffe eingeschaltet hatte. „We gathered in the Lobby
celebrating Christmas Eve / The French, the Poles, the Indians,
Cubans and Vietnamese", heißt es erklärend im Text. Während die
Gäste das Lied *Silent Night / Holy Night* und ein gesungenes Vater-
unser anstimmen, sind Alarmsirenen und Detonationen zu hören:
„[T]he most sacred of Christian prayers was shattered by the
bombs",[12] kommentiert die Erzählerin das Geschehen. Angesichts
der vielen Opfer – die heutigen Schätzungen belaufen sich auf etwa
2.000 getötete Zivilisten – endet die Ballade mit einem kollektiven
Schuldbekenntnis und der Bitte um Vergebung: „And I can only
bow in utter humbleness and ask / Forgiveness and forgiveness
for the things we've brought to pass."

In anderen Liedern der Zeit stand weiterhin das Anprangern
bürgerlicher Selbstzufriedenheit im Vordergrund, so etwa in dem
von Ian Anderson für die britische Band Jethro Tull geschriebenen
Christmas Song. Zu Beginn werden drei Zeilen aus dem von Cecil
Humphrey 1849 veröffentlichten Weihnachtslied *Once in Royal Da-
vid's City* zitiert, in dem von einem „lonely cattle shed" als Ort des
Weihnachtsgeschehens die Rede ist. Die zeitgenössischen „Christmas parties" mit ihren „thoughtless pleasures", so wird im Rest des
Liedes deutlich, haben mit der Atmosphäre dieses bescheidenen
Ortes nichts mehr zu tun. Unter Anspielung auf die während der
Weihnachtsfeiern nicht selten vorkommenden Alkoholexzesse
heißt es ermahnend: „The Christmas spirit is not what you drink."[13]
In Joni Mitchells Lied *River* aus dem Jahr 1971 geht es dagegen
nicht um soziale Anklage, sondern eher um eine Artikulation moralischer Selbstzweifel. Schon die ersten Zeilen lassen ein Gefühl
der Entfremdung erkennen: „It's coming on Christmas, / They're
cutting down trees, / They're putting up reindeer, / And singing
songs of joy and peace. / Oh I wish I had a river / I could skate

away on."[14] Unter dem Eindruck einer gescheiterten Liebesbeziehung und dem Gefühl, sich dem Partner gegenüber egoistisch verhalten zu haben, fällt es dem lyrischen Ich schwer, sich mit der weihnachtlichen Harmonieerwartung zu arrangieren. Nicht zufällig ertönt die Melodie des Weihnachtsschlagers *Jingle Bells* am Ende nicht im gewohnten Dur, sondern in Moll.

2. „Wie ein junggeboren' Kind": Völkische Vereinnahmungen und Gegenreaktionen

Dass die Inanspruchnahme von Weihnachtsliedern für politische Zwecke auch ihre problematischen Seiten besitzen kann, zeigt ein Blick in die jüngere deutsche Geschichte. Bereits in einigen Liedern des 19. Jahrhunderts ist eine Entkoppelung des Weihnachtsfestes vom biblischen Geschehen zu erkennen. Häufig stand im Zentrum die bürgerliche Familienfeier; die Geburt Christi wirkte dagegen wie ein Randereignis. Lieder wie Hermann Kletkes *Am Weihnachtsbaum die Lichter brennen* (1841) oder das ebenfalls um diese Zeit entstandene *Kling, Glöckchen, klingeling* von Karl Enslin sind Beispiele hierfür. Biedermeierliche Idylle rangiert hier eindeutig vor biblischen Inhalten. Als Naturdarstellungen mit weihnachtlicher Ausschmückung lassen sich schließlich Lieder wie *O Tannenbaum*, für das Ernst Anschütz im frühen 19. Jahrhundert auf ein bekanntes Studentenlied zurückgriff,[15] oder auch Eduard Ebels um 1900 entstandenes *Leise rieselt der Schnee* charakterisieren.

Unter dem Einfluss des im Deutschen Kaiserreich anwachsenden Germanenkults, der in neuheidnischen Bewegungen wie der „Germanischen Glaubensgemeinschaft" eine besonders radikale Ausprägung erfuhr, verstärkte sich der beschriebene Trend und ebnete so den Weg für Liedautoren der NS-Zeit. In Paul Hermanns Lied *Es ist für uns eine Zeit angekommen* (1939) wird ein traditionelles Schweizer Sternsingerlied seines christlichen Inhalts so weit beraubt, dass nur noch von „schneebeglänzten Feldern" und „schlafenden Bächlein" die Rede ist.[16] Wenn es in der dritten Strophe heißt: „Vom hohen Himmel ein leuchtendes Schweigen / erfüllt die Herzen mit Seligkeit", dann wird man in diesem Himmel einen christlichen Gott kaum noch vermuten. Beschwörungen einer nordischen Winterlandschaft deuten vielmehr auf eine neuheidnische Naturverehrung hin, sodass sich das Lied für die zur NS-Zeit als

Alternative zu Weihnachten propagierten Wintersonnenwendfeiern bestens eignete. Erst Maria Wolters bemühte sich in ihrer Textfassung von 1957 um eine Wiederherstellung christlicher Bezüge.[17]

Im nationalsozialistischen Deutschland war die „Germanisierung" des Weihnachtsliedes Teil des Parteiprogramms. In seinem Buch *Musik im NS-Staat* zitiert Fred K. Prieberg ein Lied von Heinz Grunow, in dem das Weihnachtsgeschehen keine Rolle mehr spielt. Zwar wiegt darin noch immer eine Mutter „ihr herzliebes Kind", doch sollte dieses Kind nicht mit dem biblischen Jesus verwechselt werden. Schließlich ist in Grunows Lied auch nicht von der Heiligen Nacht die Rede, sondern von „heiligen Nächten", in denen die Natur in einen neuen Zyklus eintritt. In diesen Nächten, so heißt es, „schließt sich des Lebens gewaltiger Kreis. / In den heiligen Nächten sprießt aus der Tiefe das grüne Reis."[18]

Große Verbreitung fand in Nazideutschland insbesondere das von Hans Baumann 1936 verfasste Lied *Hohe Nacht der klaren Sterne*. Frei von allen christlichen Bezügen wird in der zweiten Strophe die germanische Sonnenwendfeier beschworen: „Hohe Nacht mit großen Feuern, / die auf allen Bergen sind, / heut' muß sich die Erd' erneuern / wie ein junggeboren Kind."[19] Das neu geborene Kind dient hier nur noch als Metapher für den Beginn des Jahreszeitenzyklus. Auch wenn Lieder wie die hier zitierten keine direkten politischen Aussagen enthielten, besaßen sie aufgrund der bewussten Ausblendung aller christlichen Bezüge eine klare ideologische Funktion.

Freilich täte man der Geschichte des deutschsprachigen Weihnachtsliedes Unrecht, ließe man jene Texte unerwähnt, deren politische Aussagekraft gerade aus einer Rückbesinnung auf die biblische Botschaft erwuchs. Dass Weihnachtslieder in Zeiten allgemeiner Bedrängnis auch eine Quelle des Trostes sein können, zeigt sich bereits in dem Friedrich Spee von Langenfeld zugeschriebenen Adventslied *O Heiland, reiß die Himmel auf* (1622). Wenn es darin heißt: „Hier leiden wir die größte Not",[20] dann erscheint ein Bezug auf den Dreißigjährigen Krieg naheliegend. Die Hoffnung richtet sich auf die Wiederkehr des Heilands: „O komm, ach komm vom höchsten Saal, / komm, tröst uns hier im Jammertal." Eine ähnliche Funktion besaß in den späten 1930er Jahren das von Jochen Klepper geschriebene Adventslied *Die Nacht ist vorgedrun-*

gen, das als eine christlich inspirierte Antwort auf die nationalsozialistische Bedrohung verstanden werden kann. Kleppers kritische Haltung gegenüber dem NS-Regime steht außer Frage. Als 1942 die Deportation seiner jüdischen Frau bevorstand, entschied er sich, gemeinsam mit ihr in den Tod zu gehen. „Noch manche Nacht wird fallen / auf Menschenleid und -schuld", heißt es im Lied ahnungsvoll, doch ist ebenso vom „Stern der Gotteshuld" die Rede, der auf die bevorstehende Erlösung durch Christus verweist. Unter dieser Perspektive verlieren alle Bedrohungen ihren Schrecken: „Beglänzt von seinem Lichte / hält euch kein Dunkel mehr. / Von Gottes Angesichte / kam euch die Rettung her."[21]

Als Versuch, der menschenverachtenden Politik des Nationalsozialismus ein Zeichen der Hoffnung entgegenzusetzen, kann schließlich auch Dietrich Bonhoeffers im Konzentrationslager verfasstes Gedicht *Von guten Mächten* gelten. Ursprünglich als Trost für die Familienangehörigen des Autors gedacht, zählt der Text mit seinen unterschiedlichen Vertonungen heute zum festen Bestandteil der christlichen Liedkultur. Zieht man den Entstehungskontext des Liedes in Betracht, so lässt sich die Zeile „Von guten Mächten wunderbar geborgen / erwarten wir getrost, was kommen mag"[22] durchaus als Ausdruck eines inneren Widerstandes deuten. Nicht von Verzweiflung, sondern von Hoffnung ist die Rede: „So will ich diese Tage mit euch leben und mit euch gehen in ein neues Jahr." Mag diese Absichtserklärung aus heutiger Sicht auch sehr bescheiden anmuten, so zeigt sie doch, was eine weihnachtlich inspirierte Lyrik selbst in dunkelsten Zeiten zu leisten vermag.

Happy Xmas (War is over) – John & Yoko Plastic Ono Band:
https://music.youtube.com/watch?v=flA5ndOyZbI

 1913 Massacre – Woody Guthrie:
https://music.youtube.com/watch?v=-RP0rHtlGYY

Where are you now, my son? – Joan Baez:
https://music.youtube.com/watch?v=BfBkC48JS3U&list=
OLAK5uy_loLEWVuZn2hWxo8vcOhx-ghYRhF7HX8bA

Anmerkungen

[1] Evangelisches Gesangbuch. Ausgabe für die Evangelisch-Lutherischen Kirchen in Niedersachsen und für die Bremische Lutherische Kirche. Hannover ²2014, Nr. 362.

[2] Evangelisches Gesangbuch, Nr. 27.

[3] Guthrie, Woody. Struggle, LP Folkways Records 1976 (Originalaufnahme 1946).

[4] Guthrie, Woody, Original Recordings 1940–1946. LP Warner Bros. Records 1977. Ein Abdruck des Liedes findet sich in Butler, Martin: Voices of the Down and Out: The Dust Bowl Migration and the Great Depression in the Songs of Woody Guthrie, Heidelberg 2007, 195.

[5] Dylan, Bob: Lyrics, 1962–1985, New York, 35.

[6] Dylan, Bob: Lyrics, 1962–1985, New York, 176.

[7] Schumacher, Michael: There But For Fortune: The Life of Phil Ochs, New York 1996, 72 ff.

[8] Ochs, Phil: A Toast to Those Who Are Gone, LP Rhino Records 1986.

[9] Ochs, Phil: Pleasures of the Harbor, LP A&M Records 1967.

[10] Sainte-Marie, Buffy: Little Wheel Spin and Spin, LP Vanguard Records 1966.

[11] Simon & Garfunkel: Parsley, Sage, Rosemary and Thyme, CBS Records 1966.

[12] Joan Baez: Where Are You Now, My Son? A&M Records 1973.

[13] Jethro Tull: Living in the Past, LP Island Records 1972.

[14] Joni Mitchell: Blue. LP Reprise Records 1971.

[15] Weber-Kellermann, Ingeborg: Das Buch der Weihnachtslieder, Mainz 1982, 161.

[16] Weber-Kellermann, Buch der Weihnachtslieder, 233.

[17] Vgl. Evangelisches Gesangbuch, Nr. 543.

[18] Grunow zit. in Fred K. Prieberg: Musik im NS-Staat, Frankfurt a. M. 1982, 345.

[19] Ein Abdruck des Liedes findet sich in Weber-Kellermann, Buch der Weihnachtslieder, 228.

[20] Evangelisches Gesangbuch, Nr. 7.

[21] Evangelisches Gesangbuch, Nr. 16.

[22] Evangelisches Gesangbuch, Nr. 65.

Weihnachten einmal anders

Theologische und religionspädagogische Überlegungen zu Knorkators „Weihnachtsschimpfe"

Johannes Heger

Die Berliner Band Knorkator ist vor allen Dingen eines – *anders*. Ihr Frontmann „Stumpen" intoniert als gelernter Opernsänger irritierend hoch, wobei dieses klassische Element bei den meisten Songs fast durchgängig von der harten Metall-Musik kontrastiert wird. So entsteht ein musikalisches Gesamtbild, das nicht wenige Hörer:innen befremdet. Dieser Befremdungseffekt verstärkt sich durch die bewusst alternative Inszenierung der Band: Einmal spielen sie in Plüschkostümen; einmal fast so, wie sie der Herr erschaffen hat. Und so war der Schock für manchen Fan des Eurovision Song Contest groß, als die Band Knorkator im Jahr 2000 mit dem Titel „Ick werd zum Schwein" den vierten Platz der Deutschen Vorauswahl belegte. Selbst die Bildzeitung titelte „Wer ließ diese Irren ins Fernsehen?"[1]. Auf den ersten Blick, auf das erste Hinhören hat man fast keine andere Chance, als in diesen Abgesang auf die Band Knorkator einzustimmen. Ihre Musik und ihre Inszenierung wirken zunächst einfach nur irritierend, wenn nicht sogar verstörend.

Wie so oft aber, lohnt ein zweiter Blick, ein zweites Hinhören und ein vertieftes Nachdenken: Für mich ist es nämlich genau jene angedeutete Spannung zwischen Konvention und Alterität, zwischen Normalität und Perversion, zwischen Sinn und Unsinn, welche die hintergründige Qualität des Knorkator-Universums ausmacht. Das *Andere*, das Befremdliche, das Paradoxe konterkariert auf musikalischer und textlicher Ebene ein um das andere Mal die behagliche Normalität. Im Widerhall des Befremdlichen erscheint schließlich die vermeintlich harmonische Welt in einem demaskierenden Spiegel; als eine Welt, in der plötzlich nicht mehr alles glänzt und funkelt; als eine Welt, die nicht hingenommen, sondern gestaltet werden muss.

1. Weihnachtsschimpfe – einfach anders

Was allgemein für die Band gilt, trifft bei einer ersten Annäherung auch beim hier behandelten Weihnachtssong der Band zu. Denn schon der Titel „Weihnachtsschimpfe" macht deutlich: Dieses Lied ist wie die Band selbst zunächst eines – *anders*. Knorkator wählen nämlich nicht sprachliche Elemente aus dem üblichen Universum der Harmonie (etwa „Love is all around") oder der idyllischen Weihnachtssymbolik (etwa „White Christmas"). Nicht einmal das Lexem „Weihnachten" darf für sich alleine stehen! Anstelle von Harmonie und Idylle tritt mit dem Schimpfen vielmehr ein negativer Zugang zum christlichen Hochfest.

Wie die Geschenke unter dem Christbaum wird diese Negativität, diese Alterität jedoch sorgsam verpackt: Denn der festlich-ruhige Klangteppich und die hohe Opernstimme holen die Hörer:innen emotional zunächst in die harmonisch-vertraute Welt des Weihnachtsfestes.

Der Text aber konterkariert diese Ausrichtung, wird doch kein gutes Haar an dem gelassen, wie in Deutschland – zumindest dem Klischee entsprechend – das Weihnachtsfest begangen wird. Die kollektive Festgemeinde wird als „verlogenes Pack" bezeichnet, die Liebe als scheinheiliges Schauspiel und letztlich wäre keiner zufrieden, wenn es nur einen „leeren Sack" gebe. Die „schönen Worte" und der Glaube „an einen Gott" seien letztlich nur ein „für einen Tag" vor sich hergetragenes Feigenblatt, um zu verschleiern, dass man eigentlich „das ganze Jahr ein Arschloch" sei. Und selbst die Besinnung im Kerzenschein sei ein trügerisches Schauspiel, weil sich die Nächstenliebe auf das Umfeld beschränke. Das materialistische und egoistische Streben stoße an Weihnachten lediglich insofern an eine natürliche Grenze, als selbst „das größte Schwein" zum Fest nicht gerne allein sein möchte. Über die eigentliche, die religiös-inhaltliche Mitte des Weihnachtsfestes, die Geburt Jesu, wird dagegen kein Wort verloren.

Für Theolog:innen und Religionspädagog:innen führen diese ersten Analysen zu „Weihnachtsschimpfe" unvermeidlich zu folgenden Fragen: Soll ein derartig (religions-)kritischer Weihnachtssong überhaupt behandelt werden? Oder liegt es – gerade angesichts schwerer Zeiten für religiöse Bildung und Kirche – nicht nahe, Christ:innen, Schüler:innen und auch Leser:innen die Begegnung mit Knorkators „Weihnachtsschimpfe" zu ersparen? Harmonie und Idylle also anstatt Alterität, das Gewohnte statt dem Anderen – so, wie es sich die Mehrheit der Deutschen zu Weihnachten wünscht?[2] Und entspräche solch eine Option nicht dem harmonischen Geist der traditionellen religiösen Weihnachtsbotschaft?

Ja, sicher! Selbstverständlich wäre es einfacher, sich im Sinne einer „bewahrenden Theologie" und auch einer Bewahrpädagogik von einem solchen Fahrwasser treiben zu lassen. Weil das *Andere* aber – nicht nur beim Thema Weihnachten – dabei hilft, das Eigene besser zu verstehen, und weil ein Blick von außen zu einer Weitung der eigenen Perspektive beitragen kann, soll der *andere* Weg mit Knorkator dennoch beschritten werden. Aus dieser Motivation heraus darf ich Sie, liebe Leser:innen, als Theologe, Religionspädagoge und (ehemaliger) Religionslehrer gerne zu einer hoffentlich unterhaltsamen Erkundungsreise einladen: Zu einer Reise, die ihre Perspektive auf Weihnachten vielleicht erweitert; zu einer Reise, die für Sie gegebenenfalls die Glaubens- und Weihnachtswelt als eine *andere* erscheinen lässt; zu einer Reise, die vielleicht die Band Knorkator selbst überraschen würde.

Im Sinne dieser aufgedeckten Motivation und Intention sind es v. a. zwei Leitfragen, die im Folgenden bearbeitet werden sollen: Muss aus theologischer Perspektive Knorkators Schimpfe auf das Weihnachtsfest selbst zum Gegenstand von Kritik werden, weil damit eine unangemessene Perspektive auf das christliche Hochfest gerichtet und eine falsche Deutung des Weihnachtsfestes vollzogen wird? Und: Ist es von daher überhaupt denkbar, solch einen *anderen* Weihnachtssong im Rahmen von (religiöser) Bildungsarbeit einzusetzen?[3]

2. Weihnachten – von der Pluralität von (Be-)Deutungen

Um diese Fragen beantworten zu können, lohnt es sich zunächst, an einem ganz anderen Punkt anzusetzen. Denn die Tendenz zu einer Bewahrpädagogik, zu einer Schimpfe über Knorkators „Weihnachtsschimpfe", ergibt sich vor allem aus einer volkskirchlich-idealisierenden Perspektive auf das Weihnachtsfest. Geprägt ist ein solcher Zugang von zahlreichen Klischees darüber, was Weihnachten ausmacht, sowie darüber, wie Weihnachten gefeiert werden sollte: Im kollektiven Gedächtnis der Gesellschaft dominieren dabei bis heute Bilder von Christbäumen in behaglichen Stuben, von Lametta und Kerzen, von großen Familienzusammenkünften, vom Singen traditioneller Weihnachtslieder, von schneebedeckten Wipfeln und dem Besuch der Christmette. Gerade religiöse Rituale wie das gemeinschaftliche Singen suggerieren das Gefühl der Verbundenheit miteinander in einer homogenen Menschheitsfamilie. Im Taumel des „O du Fröhliche" erscheint die Gesellschaft geeint – und zwar unter dem weiten wärmenden Mantel des Christentums (!) und eingesponnen in ein reichlich diffuses Weihnachtsnarrativ.

Dass der christliche Mantel aber längst nicht mehr die gesamte Gesellschaft wärmend umfängt, rückte 2022 noch einmal verstärkt ins öffentliche Bewusstsein: Laut aktuellen religionssoziologischen Erhebungen rutschte der Anteil der christlich-kirchlich gebundenen deutschen Bevölkerung unter die Marke von 50 Prozent. Und selbst unter den verbliebenen Kirchenmitgliedern schwindet die Prägekraft der institutionalisierten Religion – ersichtlich durch rückläufige Kirchenbesuche bis hin zu vermehrten Austrittsüberlegungen. Religiosität löst sich zwar nicht auf, wird jedoch in der kulturellen und religiösen Pluralität unserer Gesellschaft zunehmend abseits der Institutionen immer individueller gelebt.[4] So ist es bspw. auch wenig verwunderlich, dass der Besuch eines Weihnachtsgottesdienstes nur noch für 16 Prozent der Befragten zur Gestaltung eines „schönen Weihnachtsfests" beiträgt.[5] Angesichts dieser und vieler weiterer damit verzahnter christlicher und weihnachtlicher Erosionsbewegungen ist es beinahe eine logische Konsequenz, dass auch das Sachwissen über den religiösen Ursprung bzw. die religiöse Bedeutung des Weihnachtsfestes schwindet.[6] Ein Trend, der alljährlich bewusst wird, wenn Straßenumfragen in Boulevardmagazinen diese steigende Unkenntnis in der Advents- und Weihnachtszeit publikumswirksam und durchaus unterhaltsam inszenieren – wie etwa in „Galileo. Das Wissensmagazin".[7]

Von daher ist es hinsichtlich der analytischen Erkundungsfragen zu Knorkators „Weihnachtsschimpfe" zunächst fraglich, ob angesichts einer generellen (religiösen) Pluralisierung der Gesellschaft und einer damit einhergehenden Vielfalt individueller Zugänge zum Hochfest überhaupt von der Passung eines (Song-) Textes zu *der* Weihnachts(be)deutung (im Singular) gesprochen werden kann. Denn trotz des Verlustes der religiösen Dimension hat das Weihnachtsfest weiterhin für die Mehrzahl der Deutschen

zumindest *eine* Bedeutung. Und auch theologisch betrachtet steckt
weit mehr hinter dem Weihnachtsfest, als manch Schulbuchkapitel
oder manche Weihnachtspredigt kolportieren.

2.1 Zu Transformationsprozessen „des Weihnachtlichen"

Die skizzenhaft dargestellte (religions-)soziologische Irritation wäre
jedoch falsch interpretiert, würde man als deren Folge von einem
schleichenden Aussterben des religiös konnotierten Weihnachtlichen sprechen. Vielmehr stehen viele im 21. Jahrhundert beobachtbare Phänomene in einem impliziten Zusammenhang mit
dem religiösen Ursprung des Weihnachtsfestes: So erfreuen sich
auf der Ebene von Bräuchen bspw. Weihnachtsmärkte auch in säkularen Gegenden Deutschlands einer großen Beliebtheit und spiegeln – verdeckt hinter den Nebelschwaden des Glühweins – zugleich die bleibende Sinnsuche der Gesellschaft wider sowie die
Sehnsucht nach einer anderen Zeit inmitten der Zeit.[8] Mit dem
Begriff der Sehnsucht hängt zugleich die *Ebene der Emotionalität*
zusammen, die vielfältig die Gestaltung der Weihnachtszeit beeinflusst. So ist es bspw. seit Jahrzehnten auffällig, dass Wohlfahrts-
organisationen in Deutschland gerade im Dezember das meiste
Spendenaufkommen verzeichnen;[9] in einer Zeit, in der Menschen
zurückblicken und häufiger als im Trubel des Jahres über den Tellerrand hinaus.

Im Hinblick auf die weitere Analyse von „Weihnachtsschimpfe"
lohnt es sich nun weniger, diese exemplarischen Momentaufnah-
men zu erweitern. Ertragreich ist es vielmehr, *semantischen und
funktionalen Transformationsprozessen im Zusammenhang mit religiösen (Be-)Deutungen des Weihnachtsfestes* nachzugehen.

2.2 Das Fest der (gott-menschlichen sowie) zwischenmenschlichen Liebe

Was heißt also Weihnachten, wenn man dieses Fest von seinem
christlich-traditionellen Kern her zu begreifen sucht? Theologisch
gesprochen ist Weihnachten zunächst und vor allem das *Fest der
Liebe* und das in mehrfacher Weise. Trotz widriger Umstände gelingt es Maria mithilfe von Josef, Jesus in einer Nacht in einem Stall
auf die Welt zu bringen – weit weg von zu Hause, mitten in der

Fremde. Obwohl sich das Lukas- und das Matthäusevangelium (Lk 2,1–20; Mt 1,18–2,12) weitgehend über Details dieser Geburt ausschweigen, braucht es wenig Fantasie, um sich die aus elterlicher Liebe stammende Kraft vorzustellen, die eine Geburt unter solchen Umständen fordert. Für die christliche Tradition und das theologische Verständnis von Weihnachten ist es jedoch entscheidender, dass die Geburts- in eine noch größere Liebesgeschichte eingebettet ist: Denn Gott hat – dem christlichen Glauben nach – die Welt so sehr geliebt, dass er sie nicht nur erschaffen, sondern seinen einzigen Sohn in diese gesandt hat. Die Größe Gottes, seine Liebe zu den Menschen ist demnach in diesem kleinen Baby-Jesus ganz präsent. Er ist von Gott und selbst Gott – er ist das Licht, das die dunkle Nacht erstrahlen lässt, das „Licht der Welt" (Joh 8,12).

So besehen erinnern Christ:innen sich bis heute im Rahmen liturgischer Feiern sowie durch zahlreiche damit zusammenhängende Traditionen (Adventskranz; Krippenspiele etc.) zum einen an die liebevoll-menschliche Beziehung zwischen Maria, Josef und Jesus. Zum anderen aber feiern sie an Weihnachten die *Menschwerdung Gottes* und die damit verstärkte Liebesbeziehung zwischen Gott und der Welt. Nicht umsonst ist es auch der Rand der Gesellschaft, die Abgeschiedenheit des Stalls sowie die Fragilität des kindlichen Daseins, in die hinein Gott kommt. Er, der selbst die Liebe ist, umfängt das gesamte menschliche Dasein und Schicksal – selbst an den Rändern der Gesellschaft, selbst in den Tiefen des Lebens. Die Welt darf sich also von Gott geliebt fühlen und dies – besonders an Weihnachten – feiern. Insofern geht es für Christ:innen an Weihnachten zwar auch um die Freude am Schenken; das größte *Geschenk* besteht für sie aber in der durch Gottes Menschwerdung gegebenen Verheißung einer hoffnungsvollen Zukunft.[10]

Die Dimension der Liebe spielt auch über 2000 Jahre nach Jesu Geburt in Bethlehem eine entscheidende Rolle bei der Thematisierung von Weihnachten: So wirbt die Süßigkeitenfirma Ferrero bspw. mit dem Slogan „Zum Fest schenkt man Freunden ein Küsschen" für ihre Schokopralinen. Die Schlagersängerin Angela Wiedl besingt auf ihrer Doppel-CD „Weihnachten ist das Fest der Liebe" im gleichnamigen Song die Liebe als Anlass und Mitte der Feiertage. Und nicht zuletzt inszeniert die Film- und Serienindustrie das Weihnachtsfest ebenfalls als Liebesfest - so bspw. in dem bekannten Film „Tatsächlich Liebe" mit Hugh Grant (2003): Darin wird das

Krippenspiel einer Schule der Fluchtpunkt, an dem viele Paare zu-
einanderfinden und den Weihnachtsabend zu einer Sinfonie der
Liebe werden lassen. Dass die Liebe dabei nicht nur die inhaltliche
Mitte darstellt, sondern auch funktional als emotionalisierendes
Element genutzt wird, liegt im Spiegel der Beispiele auf der Hand.

Wie deutlich wurde, kommt es hinsichtlich der Liebesdimen-
sion also zu einer deutlichen semantischen Transformation: Die
Liebe spielt zwar weiterhin im Kontext des Weihnachtsfestes eine
große Rolle, allerdings fast ausschließlich in ihrer *zwischenmenschlichen Dimension*. Der grundlegende Aspekt einer universellen gott-
menschlichen Liebesbeziehung als deren Basis gerät jedoch in Ver-
gessenheit; selbst bei manchem Krippenspiel, bei dem lediglich das
äußere Geschehen inszeniert wird.

2.3 Das Fest der (Heiligen) Familie

Eng verbunden mit der Liebe ist auch ein weiterer (Be-)Deutungs-
strang des Weihnachtsfestes, welcher es über den Graben der Jahr-
tausende geschafft hat: Weihnachten ist damals wie heute ein *Fest
der Familie*. Ausgehend von den spärlichen biblischen Schilderungen von Jesu Geburt, Kindheit und Jugend entwickelte die christliche Tradition das Bild der Heiligen Familie, welches v. a. durch die
künstlerische Darstellung des Mittelalters prominent in das kollektive Gedächtnis der Christen- und Menschheit eingetragen wurde.[11] Wenn und wo in glaubender Erinnerung an Jesu Geburt gedacht wird, ist dies also auch die Erinnerung an seine familiäre
Abstammung. Liturgisch gefeiert wird diese Erinnerung in der katholischen Kirche besonders am Sonntag in der Weihnachtsoktav.

Angesichts der Prominenz der Heiligen Familie lässt es sich als
sinnerhaltende Praxis bezeichnen, dass bis heute die Familie der
soziokulturelle Ort ist, an dem das Weihnachtsfest in der Regel
begangen wird. Wie religiös aufgeladen diese privaten Feiern aus-
gestaltet werden und welche Rolle dabei die Erinnerung an die
Heilige Familie spielt, hängt dabei natürlich stark von der religiösen Prägung der Familien sowie der etablierten Familientradition
ab.[12] Den meisten Feiern gemeinsam ist jedoch ihre hohe emotionale Ladung. Diese lässt sich bspw. daran ablesen, welch große Auf-
merksamkeit dem gemeinschaftlichen Kochen und Essen an den
Feiertagen zukommt. Lifestyle- und Kochmagazine sind im Advent

voll von Tipps und Tricks zum Fest, um die Zeit zu einer besonderen, zu einer Hoch-Zeit werden zu lassen. Songs wie „Driving Home for Christmas" (Chris Rea, 1986) sind zugleich ein Spiegel als auch ein Katalysator für dieses Ideal: Weihnachten ist ein Fest, das zu Hause gefeiert wird, ein Fest mit der Familie, zu dem man sich neben Geschenken auch gegenseitig Zeit schenkt. Am deutlichsten ist dieser gesellschaftliche Wert in den letzten Jahren durch die emotionalen Werbespots von Edeka ins Bewusstsein gerückt: In deren Zentrum steht ein verwitweter Großvater, dessen einziger Wunsch es ist, an Weihnachten von seinen Kindern besucht zu werden. Dies bewerkstelligt er melodramatisch, indem er seinen eigenen Tod vortäuscht, um seine vielbeschäftigen Kinder und Enkel zur Anreise zu zwingen.

Diese Vergewisserungen zeigen also, dass auch die Bedeutungsdimension von Weihnachten als Familienfest einem fundamentalen Wandel unterliegt: Theologisch gesehen bleibt ohnehin die Menschwerdung Gottes (vgl. 2.2) der zentrale Aspekt des Weihnachtsfestes, auch wenn sich die Verehrung der Heiligen Familie in der christlichen, v. a. katholischen Tradition von daher ergibt. Im Kontext der biblischen Geburtsgeschichten ist sie zum einen als narrative Einbettung von Jesu Geburt zu betrachten. Zum anderen wird durch den Ereignisort Familie auch die theologische Grundaussage der Menschwerdung Gottes akzentuiert – und das in doppelter Weise: Weil die Familie der engste Bezugsraum des Menschen ist, wird zum einen verdeutlicht, dass Gott uns in seiner Menschwerdung ganz nahe ist. Zum anderen stehen alle Menschen heute als Hörer der Botschaft mit Maria und Josef an der Krippe und dürfen über das Wunder von Jesu Geburt staunen. Ein weiteres Zeichen also dafür, dass Gottes Menschwerdung für alle Menschen ein Heilszeichen ist. Im Kontrast zur heutigen Rede von Weihnachten als Fest der Familie wird deutlich, dass der formale Bezug auf den Begriff und die Bedeutung der Familie zwar bewahrt bleibt. Die semantische Ladung jedoch verschiebt sich – analog zur Liebe – weg *von der gott-menschlichen hin zur zwischenmenschlichen Ebene*. Wichtig ist weniger die Heilige Familie oder Jesu Geburt als Familienereignis; wichtig ist, dass die eigenen Kinder zu Weihnachten nach Hause kommen, um selbst als Familie feiern zu können.

2.4 Das Fest als einheitsstiftendes Moment oder Differenzmarker

Transformationen ergeben sich neben der inhaltlichen Konturie-
rung des Weihnachtsfestes auch hinsichtlich der Frage, welche Intentionen mit der Feier des Weihnachtsfestes verbunden sind.
Blickt man als religiös unmusikalischer bzw. theologisch nicht be-
wanderter Mensch auf Weihnachtsgottesdienste, dann leuchtet sofort deren und damit die ursprüngliche religiöse Funktion der
Weihnachtsfeier ein: Durch das Singen von Weihnachtsliedern,
das Verlesen der biblischen Weihnachtsgeschichte und viele andere Elemente wird zunächst offenkundig an die Geburt Jesu gedacht. Theologisch gesehen ereignet sich dabei für katholische
Christ:innen aber noch mehr: Indem die Gottesdienstbesucher:in-
nen die Liturgie feiern, bekommen sie Anteil am Gnadengeschehen
der Geburt Jesu. Denn Jesu Kommen in die Welt ist bis heute für
jeden eine Zusage, dass Gott die Welt und jeden (!) Menschen liebt;
ein Zeichen dafür, dass er das Schicksal der Welt und jedes einzelnen zum Guten lenken will.

Menschen, die dies glauben und feiern, dürfen sich – besonders
an Weihnachten – mit der Gemeinschaft aller Christ:innen verbunden fühlen. Und noch mehr: Zwar wächst Jesus in Nazareth als
Jude auf, nachdem er in Betlehem geboren wurde, und beschreitet
seinen Weg ganz in der Geschichte der Menschen. Fokussiert man
jedoch nur auf die Weihnachtserzählung und deren Symbolik treten diese Realien in den Hintergrund. Wichtig ist nicht Jesu Natio-
nalität oder Religionszugehörigkeit. Im Zentrum steht vielmehr:
Gott ist nicht Christ, nicht Deutscher, nicht Hindu oder Afghane,
sondern – ganz dem in der theologischen Tradition verankerten
Begriff nach – Mensch geworden. Und diese Menschwerdung verbindet Christ:innen mit der Gemeinschaft der Menschen in aller
Welt. So besehen hat das Weihnachtsfest mitunter die Funktion,
die Gemeinschaft der Glaubenden und alle Menschen miteinander
zu verbinden, weil sie Kinder Gottes sind. Dass Gott in jedem (!)
Menschen sein Angesicht zeigt, ist auch der innere Grund für die
christliche Nächstenliebe, die sich unter anderem auch in der Hinwendung zu den Armen und Benachteiligten ausdrückt. Wie Gott
am Rand der Gesellschaft, in der Abgeschiedenheit und in Armut
zur Welt kam, so sind auch Christ:innen aufgerufen, an die „Ränder
der Gesellschaft" (Papst Franziskus) zu gehen und zu helfen.

Umso besorgniserregender ist es, dass gerade auch dieser Aspekt in Teilen der Gesellschaft eine deutliche Transformation erlebt. Zunehmend ist zu konstatieren, dass politische Bewegungen wie PEGIDA oder die AfD das Weihnachtsfest diametral gegensätzlich funktionalisieren (wollen): Als sich 2015 das erste Mal Tausende von Anhänger:innen bei einer PEGIDA-Demonstration in Dresden versammelten, um Weihnachtslieder zu singen, ging es nicht um die Menschheitsfamilie, nicht um Familie, nicht um Liebe. Dort ging es darum, die christliche (Weihnachts-)Tradition als *Differenzmarker* zu missbrauchen; es ging darum, unter dem Deckmantel der christlichen Tradition eine deutliche Grenze zu ziehen zwischen einem „Wir" und einem „Ihr"; zwischen jenen, die „christlich" bzw. deutsch sind, und den Anderen. Im Kontrast zur *ursprünglich einheitsstiftenden Funktion des christlichen Weihnachtsfestes* wird somit deutlich, dass es sich bei diesem Analysepunkt nicht mehr um eine Transformation der religiösen Weihnachtsidee handelt. Vielmehr ist von einer Sinnentleerung bzw. Sinnentstellung des christlichen Weihnachtsfestes zu sprechen.

3. Knorkator als profane Propheten

Die zurückliegenden Vergewisserungen über die (Be-)Deutung*en* (Plural!) von Weihnachten zwischen religiösem Ursprung und profaner Praxis helfen nun bei einem zweiten, einem präziseren Blick auf Knorkators „Weihnachtsschimpfe". Entscheidend für die theologische Wertung ist dabei v. a. genau zu verstehen, gegen wen sich die „Schimpfe" eigentlich richtet. Und das ist eben nicht die Geburt Jesu als inhaltlicher Ursprung des Weihnachtsfestes. Es ist eben nicht der gefeierte Glaube daran, dass Gott ganz Mensch wurde. Knorkator kritisieren nur oberflächlich betrachtet die teils auch hier reproduzierten „schöne[n] Worte" oder Gottes Huldigung mit „Ente und Kompott".

Näher besehen, fokussiert die eigentliche Kritik der Band auf die Festtagspraxis und die damit verbundene Haltung: Den Stein des Anstoßes bilden für Knorkator jene Menschen, die im Festtagsrausch, in jenem hier beschriebenen Taumel des „O Du Fröhliche" (vgl. 2) nur „für einen Tag" liebten, jene schönen Worte wählten und Gott huldigten. Das ganze sonstige Jahr über seien sie dagegen „ein Arschloch". Genau diese Spannung, genau diese Diskrepanz zwischen Sein und Schein, genau diese Scheinheiligkeit ist es, auf die Knorkator schimpfen. Wohl ohne dies zu ahnen und wohl auch ohne dies zu wollen, reihen sie sich damit in eine Tradition ein. Denn kein anderer als der berühmte katholische Theologe Karl Rahner schrieb schon 1968 über das Weihnachtsfest: „Es ist jedes Jahr dasselbe: Etwas Stimmung, einige fromme und humanitäre Phrasen, ein paar aufwendige Geschenke ... Und dann geht alles weiter wie bisher."[13] Zunächst mag diese Analogie zwischen dem Blick eines frommen Jesuiten auf das Weihnachtsfest und demjenigen einer Berliner Metall-Band aus den 2000er Jahren verwundern.

Aber tatsächlich setzt sie sich fort, je länger man sich mit den Bedeutungsdimensionen des Weihnachtsfestes beschäftigt: Denn mit ihrer Kritik erinnern Knorkator letztlich daran, was Weihnachten eigentlich sein sollte – das Fest einer Liebe (vgl. 2.2), die nicht nur auf Oberflächlichkeiten beruht. „Ihr wollt doch nur besitzen" schmettert die Band jenen entgegen, die Weihnachten in Zeiten der Konsumgesellschaft als Fest der Geschenke zelebrieren. Aber dabei macht der Text nicht Halt: Gerade die Frage, wer an Weihnachten „schon an jene [denkt], die er nicht selber kennt", weitet den Blick über den Tellerrand der (Heiligen) Familie (vgl. 2.3). Sie verweist darauf, dass eigentlich – ganz im Sinne der christlichen Botschaft (vgl. 2.2; 2.3) – besonders an Weihnachten unsere Liebe nicht nur an unser Umfeld, sondern an alle Mitmenschen adressiert sein müsste; und dass diese Liebe von Weihnachten aus in die gesamte Um- und Mitwelt strahlen sollte, auch über das Weihnachtsfest hinaus.

Implizit fordern Knorkator damit von Menschen, die Weihnachten als (religiöses) Fest feiern, auch ein soziales, ein caritatives Engagement, das den Ungerechtigkeiten sowie der Schere zwischen Arm und Reich entgegenwirkt. Und auch damit sind sie ein implizites Sprachrohr theologischer Reflexion: So sprach die bekannte evangelische Theologin Dorothee Sölle 1971 von Weihnachten als einem „Stück Rebellion", insofern die Geburt Jesu als „Macht von unten" ein kritisches Licht auf die ungerechten Machtverhältnisse in der Gesellschaft werfen kann und soll.[14] Und ganz in diesem Sinne betonen auch heutige Theolog:innen die Speerspitze der Weihnachtsbotschaft. So spricht bspw. Mirjam Schambeck davon, dass Weihnachten „nicht einfach eine Krippenidylle meint, sondern eine gefährliche Erinnerung" darstellt.[15]

Mit ihrem *anderen* Blick entsprechen Knorkator also wahrlich nicht dem diffusen Weihnachtsnarrativ und auch nicht jenen Kategorien, unter die übliche Weihnachtssongs eingeordnet werden können.[16] Sie erlauben sich und ihren Hörer:innen nicht, sich in den Sing-Sang der Weinachtstage fallen zu lassen. Sie sorgen mit „Weihnachtsschimpfe" dagegen für einen *anderen*, für einen bewussteren Blick auf die (Be-)Deutung*en* von Weihnachten. Und ohne dies metaanalytisch deutlich zu machen, beschreiben sie damit präzise das spannungsvolle Oszillieren des Weihnachtsfestes zwischen ursprünglich-religiöser Bedeutung, volkskirchlicher Tradition und gesellschaftlicher Feierpraxis.

Im absoluten Kontrast zur anfänglichen Frage, ob ihr Song nicht religionskritisch zu bewerten sei (vgl. 1), lohnt es sich vor diesem Hintergrund zuletzt eine Gegenfrage einzuspielen: Lässt sich von Knorkator angesichts der zusammengetragenen Befunde vielleicht sogar von modernen Prophet:innen sprechen, die im Auftrag Gottes Ungerechtigkeiten und Missstände in der Welt anprangern? Und genau hier endet die Möglichkeit einer christlich-theologischen Deutung von „Weihnachtsschimpfe": Zwar steht die zusammengetragene Kritik Knorkators in der Tradition des ursprünglichen Weihnachtsfestes und deckt sich mit theologischen Deutungsmustern. Jedoch bewegt sich all dies auf einer rein anthropologischen, einer zwischenmenschlichen Ebene. Weihnachten als Fest der Menschwerdung Gottes wird dagegen genauso wenig thematisiert wie die gott-menschliche Dimension der Liebe, die den Grundton der religiösen Weihnachtsbotschaft darstellt (vgl. 2.2).

Aber genau das ist nunmehr das Besondere, das *Andere* und das Attraktive an der Band Knorkator und „Weihnachtsschimpfe": Mit ihrem Song durchkreuzen sie den Trott und die Selbstverständlichkeit, mit der Hörer:innen auf das Weihnachtsfest blicken und es begehen. Sie öffnen ihnen mit dieser heilsamen Unterbrechung gewissermaßen als *profane Prophet:innen* die Augen für einen neuen Blick auf sich selbst und das Hochfest. Und damit eröffnen sie – ob sie dies nun wollen oder nicht – auch den Raum für eine christlich-religiös motivierte Reflexion darüber, was Weihnachten bedeutet bzw. bedeuten kann. So besehen müssen weder Schüler:innen noch Leser:innen vor dem Song „Weihnachtsschimpfe" bewahrt werden (vgl. 2). Vielmehr kann der *andere* Song als Einladung dafür verstanden und in Bildungskontexten genutzt werden, um

Hörer:innen mit der Frage zu befassen, was für sie ganz persönlich Weihnachten bedeutet.

Bei aller Deutungsoffenheit und Dynamik, die ein solcher Klärungsprozess mit sich bringt, bleibt mit der christlich-religiösen Tradition, der christlichen Theologie (vgl. 2.4) sowie der Deutung Knorkators (vgl. 3) eine Spur unumgänglich: Weihnachten sollte das Fest sein, das den Blick über den Tellerrand bewegt, das den Anderen und das Andere wahrnehmen lässt und Brücken zwischen den Menschen baut. Wo statt dieses humanen Gedankens der Einheit Weihnachten als Differenzmarker gebraucht wird, da ist nicht Weihnachten. Wer dennoch derartig denkt, spricht oder agiert, der – und damit haben die profanen Propheten ins Schwarze getroffen – kann auch aus theologischer Sicht durchaus zum „verlognen Pack" gezählt werden.

Weihnachtsschimpfe – Knorkator:
https://music.youtube.com/watch?v=6dfVjuE7f5E

Anmerkungen

[1] Vgl. https://www.spiegel.de/kultur/musik/anti-boygroup-knorkator-wir-sind-haesslich-und-stehen-dazu-a-90292.html (03.03.2023).

[2] Vgl. Statista (Hg.): Christmas and Holiday Season 2022, Hamburg 2022. [Online verfügbar unter: https://de.statista.com/statistik/studie/id/68669/dokument/weihnachten-und-silvester/ (03.03.2023)].

[3] Es gehört zu den religionspädagogischen Kuriositäten, dass gerade zum christlichen Hochfest die Anzahl an gehaltvollen religionspädagogischen Studien überschaubar ist. Vgl. Pemsel-Maier, Sabine: Der Große Gott wird ein kleines Kind. Theologische und religionspädagogische Überlegungen zu einer „Theo-logie" für Kinder, in: Riedl, Hermann Josef/Schlenke, Dorothee (Hg.): Weihnachten. Theologische, kulturwissenschaftliche und religionspädagogische Perspektiven (= Übergänge – Studien zur Theologie und Religionspädagogik 25), Berlin 2020, 199–214, hier: 199f.

[4] Vgl. Bertelsmann Stiftung (Hg.): Religionsmonitor kompakt. Ergebnisse des Religionsmonitors 2023 – eine Vorschau, Gütersloh 2022. [Online verfügbar unter: https://www.bertelsmann-stiftung.de/de/publikationen/publikation/did/religionsmonitor-kompakt-dezember-2022 (03.03.2023)].

[5] Vgl. Rauschnabel, Philipp A.: Weihnachtsstudie 2021: Deutschland im zweiten Corona-Weihnachten, in: https://www.unibw.de/bw/professuren/

philipp-rauschnabel/xmas-studie-2021_unibw.pdf/@@download/file/
Xmas-Studie%202021_UniBw.pdf (03.03.2023), 26.

[6] Die wenigen vorliegenden qualitativen Untersuchungen zeigen präziser: Selbst Jugendliche in säkularen Gegenden wissen noch um die Geburts- und die Familiengeschichte, en gros aber nicht um die religiöse Bedeutung. Vgl. Lütze, Frank M.: Die Lichterkrippe als Bekenntnis. Beobachtungen zu Weihnachtswissen und -deutung ostdeutscher Jugendlicher, in: Roose, Hanna/Büttner, Gerhard/Schlag, Thomas (Hg.), „Es ist schwer einzuschätzen, wo man steht". Jugend und Bibel (= JaBuKi 2), Stuttgart 2018, 132–141.

[7] Vgl. Seven.One Entertainment Group (Galileo): „Der Weihnachts-Test", in: https://www.prosieben.de/serien/galileo/videos/der-weihnachts-test (03.03.2023).

[8] Vgl. Wahle, Stephan: Das Fest der Menschwerdung. Weihnachten in Glaube, Kultur und Gesellschaft, Freiburg 2015, 251–255.

[9] Vgl. Deutscher Spendenrat e.V. (Hg.): Bilanz des Spendens 2022, in: https://www.spendenrat.de/wp-content/uploads/Downloads/Bilanz-des-Helfens/bilanz-des-helfens-2022-deutscher-spendenrat.pdf (03.03.2023), 12–13.

[10] Vgl. Striet, Magnus: Krippengeflüster. Weihnachten zwischen Skepsis und Sehnsucht, Ostfildern 2018³, 107–109.

[11] Zur (pop-)kulturellen Präsenz des Motivs vgl. bspw. auch: Fritz, Natalie: Von Rabenvätern und Übermüttern. Das religionshistorische Motiv der heiligen Familie im Spannungsfeld zwischen Religion, Kunst und Film (= Religion, Film und Medien 3), Marburg 2018.

[12] Vgl. Wahle, Stephan: Weihnachten und die Simpsons, in: Heger, Johannes/Jürgasch, Thomas/Karimi, Ahmad Milad (Hg.), Religion? Ay Caramba! Theologisches und Religiöses aus der Welt der Simpsons, Freiburg 2017, 159–174, hier: 163–166.

[13] Rahner, Karl: Kommentar zu Weihnachten, in: Berg, Sigrid (Hg.): Weihnachten. Materialien und Entwürfe, Stuttgart/München 1973, 56–59, hier: 56.

[14] Sölle, Dorothee: Macht von unten, in: Berg, Sigrid (Hg.): Weihnachten. Materialien und Entwürfe, Stuttgart/München 1973, 39–44, hier: 43 f.

[15] Schambeck, Mirjam: Von Gott, Jesus, Religionen und so. Was Relilehrer:innen wissen müssen, Freiburg 2022, 187–207, hier: 203.

[16] Jarman-Ivens, Freya: The Musical Underbelly of Christmas, in: Whiteley, Sheila (Hg.): Christmas, Ideology and Popular Culture, Edinburgh 2022, 113–134, hier: 114 f.

„Star of Wonder" – Von Sternen und von Bethlehem

Michael Winklmann

*Warum ist der Anblick des Sternenhimmels so
beruhigend? Und ich brauche nicht einmal den
Anblick. Vorstellung und Beschreibung reichen.*[1]
(Wolfgang Herrndorf)

1 Sterne

„Wenn jemand unter uns heutzutage in einer klaren Sommernacht
oder auch im Winter bei harter Kälte, vom Gipfel eines Berges aus
oder im Schiff auf dem Meer oder über weiten Schneefeldern zum
Himmel aufblickt – und es gibt ja noch solche Sonderlinge –, so
kann es ihm geschehen, daß er unvermittelt aus der einen Stimmung in die entgegengesetzte fällt."[2] – Mit dieser Beobachtung beginnt der Altphilologe Wolfgang Schadewaldt das Buch „Die Sternsagen der Griechen". Und tatsächlich: Sterne scheinen auf viele
Menschen eine Faszination auszuüben. Zumindest zeigen schon
früheste Spuren menschlicher Kultur Darstellungen des bestirnten
Nachthimmels. Die um 1600 v.Chr. vergrabene Himmelsscheibe
von Nebra oder die ca. 15.000 v.Chr. entstandenen Höhlenmale-
reien von Lascaux sind Beispiele dafür. Manche Religionshistoriker
gehen sogar davon aus, dass das Nachdenken über Gott und die
Welt mit dem Blick des Menschen weg vom Boden hin in die Un-
endlichkeit des Nachthimmels beginnt. Und so verwundert es
nicht, dass der Motivkomplex des bestirnten Himmels in der Literatur der Antike eine selbstverständliche Rolle spielte:

*Nun ist schon der Mond versunken
und auch die Plejaden. Mitte
der Nacht, und die Zeit des Wartens
vorüber. Alleine schlaf ich.*[3]

Mond – Plejaden – Nacht. Eines der berühmtesten Fragmente der antiken griechischen Dichterin Sappho von Lesbos verknüpft Einsamkeit als existenzielle menschliche Grunderfahrung mit der Schönheit des bestirnten Nachthimmels.

In der Weihnachtszeit bricht sich die menschliche Faszination für Sterne in besonderer Weise Bahn. Weihnachtssterne in allen Farben und Formen stimmen auf die Weihnachtszeit ein. Auch die Weihnachtspopmusik macht davor nicht halt. Ein Blick in den in der Einführung zu diesem Buch erwähnten Referenzkorpus englischsprachiger Weihnachtssongs führt aber zu einer überraschenden Erkenntnis: Der Begriff „star" taucht hier nur 14 Mal auf, ohne Dopplungen bleiben neun Fundstellen. Im Vergleich mit Wörtern wie „Christmas" (530), „Santa" (164) oder „baby" (128) zeigt sich: Das ist sehr wenig für ein Motiv, das sowohl in der biblischen Weihnachtserzählung und christlichen Tradition als auch in der Konsumweihnacht eine große Rolle spielt. Aufhorchen lässt auch, in welchem Kontext Sterne im Referenzkorpus aufscheinen:

do you see what i see a	star	a star dancing in the night
the wise men followed the	star	the wise men followed the star
incarnate love divine	star	and angels gave the sign
to the car hey dont forget the	star	and when we get back home plug it in
rudolph whizzin like a shootin	star	run run Rudolph
they looked up and saw a	star	shining in the east beyond them far
and by the light of that same	star	three wise men came from country far
and to follow the	star	wherever it went
born is the king of israel this	star	drew nigh to the northwest o'er bethlehem

Anders als vermutet, finden wir uns inmitten der religiösen Weihnacht. Daran ändert auch Rudolph das Rentier nichts. Die Weisen aus dem Morgenland finden sich ebenso wie Engel. Auch der neugeborene König und sein Geburtsort Bethlehem tauchen auf.

Der Stern von Bethlehem ist besonders. Auch bei ihm geht es – wie bei Sappho – nur vordergründig um ein astronomisches Phänomen. Es wurde immer wieder versucht, den Stern von Bethlehem auf ein tatsächlich stattgefundenes astronomisches Ereignis zurückzuführen. Im Gemälde „Die Anbetung der Heiligen Drei Kö-

nige" (1304–1306) von Giotto di Bondone sieht man den Stern von
Bethlehem beispielsweise als Halleyschen Kometen dargestellt.

Archäologische Funde aus der Zeit der Entstehung der Weihnachtsgeschichte erlauben aber auch eine andere Lesart. Münzfunde aus der Zeit des biblischen Königs Herodes zeigen häufig
Sterne über Gebäuden, Köpfen oder Helmen. Das Motiv geht weit
in die Antike zurück und symbolisierte Macht und Herrschaft. In
der Spätantike wusste jedes Kind dieses Symbol zu deuten. Die
Bibel erzählt davon, dass die Sterndeuter auf der Suche nach dem
neugeborenen Kind zuerst in Jerusalem fragen. Wir alle wissen, wie
diese Geschichte ausgeht. Der, dessen Stern aufgegangen ist,
kommt nicht in einem Palast in Jerusalem, sondern in einem Stall
im Dorf Bethlehem zur Welt. Der Stern, der seine Geburt ankündigt, muss also kein astronomisches Phänomen sein. Er ist Symbol
für das ungeheuerliche Ereignis, das im Stall von Bethlehem geschieht. Seine Strahlen künden vom weiteren Verlauf der Geschichte Gottes mit den Menschen.

2 Star of Wonder

Es gibt gleich mehrere Popsongs, die die Weihnachtssternmetaphorik aufgreifen und mit „Star of Wonder" betitelt sind. Drei dieser
Songs möchte ich herausgreifen. Sie alle beziehen sich auf den biblischen Stern von Bethlehem und zitieren in ihrem Titel das klassische Weihnachtslied „We Three Kings", das 1857 von John Henry
Hopkins jr. verfasst wurde. Im Refrain dieses amerikanischen
Weihnachtsklassikers heißt es „O Star of Wonder, Star of Night".
Dennoch könnten die drei ausgewählten Lieder unterschiedlicher
nicht sein.

2009 veröffentlichte die Singer-Songwriterin Tori Amos das
Weihnachtsalbum „Midwinter Graces". Ermuntert wurde sie dazu
von ihrem Vater, einem evangelischen Pfarrer. Ihr Song „Star of
Wonder" nimmt sowohl musikalisch als auch textlich Anleihen
bei „We Three Kings". Wie im Original wird der Song aus der Perspektive der Heiligen drei Könige erzählt: „We bring gold and
myrrh for him / From the east, frankincense, from the east". Im
Refrain zitiert Amos wörtlich aus dem Liedtext des Jahres 1857
und bedient sich auch bei der Originalmelodie. Was beim flüchtigen Hören zur Untermalung des weihnachtlichen Plätzchenessens

leicht untergeht, sind die Anpassungen und Neudichtungen, die Amos in diesem Lied untergebracht hat. Vor dem berühmten Refrain („Star of Wonder ...") heißt es nämlich: „Some say a star will rise again / In the hearts of humankind", der Refrain selbst geht in die Worte „Seeding a star of wonder" über. In Amos Version wird der Stern von Bethlehem zu einem Symbol für Menschlichkeit und transformiert dieses biblische Symbol so zum Symbol des säkularen Fests der Liebe und der Menschlichkeit. Im Mittelpunkt steht nicht die Geburt Jesu, sondern die Verheißung von Menschlichkeit. Die große Anschlussfähigkeit des Bildes vom weihnachtlichen Stern wird in dem Lied mit klassischer religiöser Symbolik und vertrauter Melodik kombiniert. Wenn man so will transportiert „Star of Wonder" in der Version von Tori Amos die Werte des säkularen Weihnachtsfestes (Menschlichkeit, Liebe, Frieden, Geborgenheit) und bedient sich dabei mit dem Stern von Bethlehem eines Symbols, das auf der ganzen Welt anschlussfähig ist.

Einen völlig anderen Zugang zum „Star of Wonder" wählt im Jahr 2019 der Sänger Phil Wickham. Er ist ein in den USA sehr erfolgreicher christlicher Musiker und war 2023 für einen Grammy in der Sparte „Best Contemporary Christian Music Performance/ Song" nominiert. Das Genre, in dem Wickham sich bewegt, wird häufig mit „Praise/Worship" beschrieben. Aus der freikirchlich geprägten charismatischen Bewegung stammend, wollen diese Lieder einen liturgischen Zweck erfüllen, der in der deutschen Übersetzung „Lobpreis" aufscheint: Es geht um die musikalische Verherrlichung Gottes. Worship-Musik bedient sich dabei anders als klassische Kirchenmusik von der Aufnahme bis zur Vermarktung am Werkzeugkasten der Popmusik-Industrie.

Und so verwundert es nicht, dass die Wickham-Version von „Star of Wonder" mit einer Autotune-verzerrten Stimme beginnt, die man vielleicht bei Rappern, nicht aber in einem Weihnachtslied vermuten würde. Der gesamte Song präsentiert sich als perfekter Pop. Mit 3:40 Minuten hat er die perfekte Radiolänge, pünktlich zur Halbzeit erklingen Weihnachtsglocken, die Musik schwillt an, um sich zu Wickhams Worten „born to bring the dead alive" wieder zu beruhigen.

Dieser letzte Satz ist eine der wenigen Ergänzungen, die in dieser Version von „Star of Wonder" zum Original von 1857 hinzugefügt werden. Ein weiterer ist „God of wonder – God of light /

God is with us – here tonight / Holy Savior – in this manger / Come to set the world to right". Es wird deutlich: In diesem Popsong, der sich ästhetisch auf der Höhe der Zeit bewegt, spielt das säkulare Fest der Liebe keine Rolle. Hier geht es an den theologischen Kern der Weihnachtsbotschaft. Gott wird Mensch, um uns zu erlösen. Der letzte Satz des Liedes „born to bring the dead alive" verweist dabei auf das Ostergeschehen, auf das die Geschichte Jesu von Geburt an hingeordnet ist. Das alles verstehen natürlich nur Eingeweihte. Für religiös unmusikalische Menschen ist das Lied einfach ein gut gemachter Popsong, der gut in die Weihnachtszeit passt. Die Mitglieder der Kirchen, in denen Worship-Musik einen Teil der Spiritualität ausmacht, erhalten mit diesem Lied die Quintessenz christlichen Glaubens: „God is with us – here tonight".

Ganz anders ist das im Lied „Star of Wonder" von Sufjan Stevens. Seit annähernd 30 Jahren singt der 1975 in Detroit geborene Musiker über Liebe, Trauer und die Suche nach Spiritualität. Freunde und Familie durften sich während vieler dieser Jahre über von Stevens eigens aufgenommene Weihnachtsmusik freuen. Im Jahr 2006 (Songs for Christmas) und 2012 (Silver & Gold) erschienen die gesammelten Lieder. Insgesamt veröffentlichte Stevens über 100 Weihnachtslieder, die sicher auch durch ihre für den Musiker typische melancholische Klangästhetik dazu beigetragen haben, das Genre Weihnachtsmusik wieder cool zu machen.

Viele der Lieder sind Coverversionen bekannter Weihnachtsklassiker, wobei die Auswahl der Lieder hier schon aufhorchen lässt. Sufjan Stevens bedient sich nämlich nicht nur am Kanon säkularer Weihnachtslieder des Great American Songbook. Er wählt vornehmlich Kirchenlieder wie „O Come, O Come Emmanuel" oder „Lo! How a Rose E'er Blooming", die englische Version von „Es ist ein Ros entsprungen".

Die Auswahl der Lieder und Aussagen aus Interviews zeigen: Sufjan Stevens schämt sich nicht für seine Religiosität, möchte aber auch nicht als christlicher Künstler abgestempelt werden. Christliche Popmusik amerikanischer Prägung – wie sie z.B. Phil Whickham vertritt – ist für ihn „didactic crap"[4]. Und anders als in Worship-Songs, die in den USA übrigens so erfolgreich sind, dass sie ihre eigenen Billboard-Charts haben, gibt es in Sufjan Stevens' Liedern keine klaren Antworten. Das ist auch bei der Eigenkomposition „Star of Wonder" (2006) so. Mit einer Länge von über 7 Minuten ist klar, dass dieses Lied nicht für das Weihnachtsformat-radio geschrieben wurde. Musikalisch verzichtet Stevens auf (Schlitten-) Glocken und andere weihnachtliche Instrumentierung. Für den Künstler typische Laut-Leise-Kontraste strukturieren den Song.

Nach einem für einen Pop-Song ungewöhnlich langem Intro fordert gleich die erste Textzeile zum Nachdenken heraus: „I call you / from the comet's cradle". Anders als Tori Amos und Phil Whickham beginnt Sufjan Stevens seinen Song mit astronomischem Vokabular. In der Astrophysik taucht die Wendung „cradle of comets" – deutsch „Kometenwiege" – gelegentlich auf, um einen Ort im Universum zu beschreiben, von dem Kometen stammen, z. B. den Kuipergürtel. Im weiteren Verlauf des Liedes ist immer wieder von der Nacht die Rede: „When the night falls / We see the star of wonder / Wonderful night falls". Das Lied orchestriert so die Stimmung, die mit Wolfgang Herrndorf, Wolfgang Schadewaldt und Sappho schon am Anfang dieses Textes angedeutet wurde. Die Beobachtung eines nächtlichen Sternenhimmels kann das Gefühl einer melancholischen Geborgenheit erzeugen, die sensibel für existenzielle Fragen werden lässt. Und so hat Sufjan Stevens trotz seiner Imagination des Nachthimmels kein Loblied auf den Stern von Bethlehem als astronomisches Phänomen geschrieben. „Star of Wonder" beschreibt ein Gefühl der Unsicherheit – „Oh, conscience / Where will you carry me?" – und die Suche nach Geborgenheit – „I carry myself to the fortress / Of your glorious cost". Wo diese Sicherheit und Geborgenheit im Lied verortet ist, zeigt sich in der Textzeile „Wonderful know-it-all". Ein „know-it-all" ist ein Besserwisser. Aus dem Kontext des Liedes drängt sich der Gedanke auf, dass mit dieser Bezeichnung augenzwinkernd auf eine der Eigenschaften Gottes verwiesen wird. Der „Star of Wonder" wird so mit dem Göttlichen identifiziert:

We see the star of wonder
Wonderful night falls
We see you
We see you there

„Star of Wonder" in der Version von Sufjan Stevens deutet behutsam und chiffriert das Weihnachtsgeschehen an: Gott wird Mensch und das kann Geborgenheit bedeuten. So einfach wie in der Worship-Variante gibt es diese Erkenntnis aber nicht. Sie versteckt sich in einem rätselhaften Song, der auch nach mehrmaligem Hören nicht alle seine Geheimnisse Preis gibt. Aber gerade das macht das Lied so hörenswert: Musik, die auf weihnachtliche Klischees verzichtet und ein Text, der von einem ernsthaften Gottsucher geschrieben wurde.

Drei Songs, drei Zugänge: Das Fest der Liebe und der Menschlichkeit – die frohe Botschaft – die Suche nach der frohen Botschaft. Welches der Lieder es in die persönliche Weihnachtsplaylist schafft, ist nicht nur eine Frage des persönlichen Geschmacks, sondern auch der theologischen Vorlieben. Klar ist aber: Der Star of Wonder strahlt in allen drei Songs.

Sufjan Stevens:
    https://music.youtube.com/watch?v=tHOY8pawX1k

Tori Amos:
    https://music.youtube.com/watch?v=9TI5P3teOwE

Phil Whickham:
    https://music.youtube.com/watch?v=dIzz2Ar171k

Anmerkungen

[1] Herrndorf, Wolfgang: Arbeit und Struktur, Berlin 2013, 55 f.
[2] Schadewaldt, Wolfgang: Die Sternsagen der Griechen, Frankfurt a. M. und Hamburg 1956, 7.
[3] Treu, Max (Hg.): Sappho. Lieder. Griechisch und deutsch, München und Zürich 81991, 73.
[4] Roark, David: How Sufjan Stevens Subverts the Stigma of Christian Music, in: The Atlantic https://www.theatlantic.com/entertainment/archive/2015/03/sufjan-stevens-and-a-better-way-to-write-music-about-faith/388802/

„Lieber Weihnachtsmann, tu mir was von Gucci bringen" – Weihnachten im Deutsch-Rap

Matthias Werner

Es mag im Advent 2003 gewesen sein, vielleicht ereignete es sich aber auch erst ein Jahr später. Auf jeden Fall erinnere ich mich bis heute daran, wie ich im Informatikraum des von mir besuchten St.-Benno-Gymnasiums in Dresden sitze – wie am Namen unschwer zu erkennen ist, handelt es sich dabei um eine katholische Schule, und dies in der sächsischen Diaspora. Während auf dem vor mir stehenden, platzverschlingenden Röhrenmonitor mit großer Sicherheit Internetmeldungen aus der Welt des Fußballs dringend analysiert werden mussten, sammelte sich eine stetig anwachsende Traube von Mitschülern – in meiner Erinnerung zumindest war keines der Mädchen an diesem Schauspiel beteiligt – um einen der anderen Arbeitsplätze. Selbstverständlich wanderte ob dieses Andrangs auch mein Blick auf das, was auf dem Bildschirm zu sehen war. Vor einem roten Vorhang bewegten sich in Weihnachtsmannmäntel gehüllte Gestalten zu einem an das bekannte Lied *Jingle Bells* erinnernden Beat. Ein (damals noch) silbern Maskierter fragt: „Wart ihr auch alle schön aggro?", worauf ein *WeihnachtsSong* folgt. Der Berliner Rapper *Sido*, der im Folgejahr durch seinen Song *Mein Block* den Durchbruch schaffen sollte, hatte seine Crew hinter sich versammelt, *Aggro Berlin,* zu der damals auch noch *Bushido* gehörte, sowie einige Mitglieder von *Die Sekte.*

Heute kann ich es mir nicht mehr erklären, wie es dieser Videoclip auf diesen PC geschafft hatte – immerhin sprechen wir von einer Zeit, die weit vor der Gründung von *YouTube* liegt. Da das Musikvideo – als erstes Musikvideo von *Sido* überhaupt – jedoch auch regelmäßig im damals noch relevanten deutschen Musikfernsehen lief, fand es einen Weg, selbst vor die Augen und in die Ohren der doch recht wohlbehüteten Dresdner Privatschüler. Plötzlich hallten Textzeilen durch den Raum, die in ihrem direkten und teils aggressiven Ton den Alltagserfahrungen der Anwesenden widersprachen und wohl gerade durch diesen Kontrast den Reiz des Anrüchigen, vielleicht gar des Verbotenen enthielten: „Wer cool sein will, geht raus in den Wald, sucht nach so 'nem Kerl in Rot und macht ihn kalt. Scheiss' auf das was der bringt, so'n Taschenmesser. Aggro-Produkte sind um Klassen besser", so das Lied, woran sich wenig später die Zeile „Die Nase ist voll Schnee, heute mag ich kein', heut' lauf' ich durch die Stadt nur so um Leute anzuschrei'n" anschließt. Gewalt und zur Jahreszeit passend metaphorisch ausgedrückter Drogenkonsum werden als bewusste Provokation den klassischen Weihnachtsmotiven einer friedlichen und heilen Welt entgegengesetzt. Gerade in diesem Genre, durch welches sich Bevölkerungsschichten auszudrücken versuchten, die sich als nonkonform empfanden, werden dies für viele Jahre beobachtbare Konstanten bleiben. „Ich glaube, es liegt einfach daran, dass man an Weihnachten von diesem ganzen Last-Christmas-Gedudel einfach genervt ist und dann sich so ein Anti-Weihnachten-Lied lieber reinzieht", so *Sido* in einem Interview neun Jahre nach der Erstveröffentlichung.[1] Umso eindrücklicher erscheint sodann jedoch der Abschluss des Lieds, wenn ein auffällig ehrlich, unironisch wirkendes „Frohe Weihnachten" an „alle meine Aggro-Leute" gerichtet wird. Weihnachten als ein Fest, von dessen Auswüchsen man selbst genervt ist, dem man sich aber doch nicht so recht entziehen kann?

Neben dieser inhaltlichen Auseinandersetzung mit einer als unpassend und der eigenen Lebenswirklichkeit entgegenstehend empfundenen Schönfärberei der Weihnachtszeit waren es jedoch vor allem auch kommerzielle Gründe, die zur Veröffentlichung des Weihnachtssongs von *Aggro Berlin* führten. Einerseits sollte medienwirksam in skandalträchtiger Art und Weise der Künstler *Sido* auf den Plan treten, um auf dessen für das Folgejahr geplante Debütalbum *Maske* vorzubereiten. Andererseits bestand schon von Beginn an die Absicht, dieses Weihnachtslied alljährlich veröffentlichen zu können – Weihnachten ist schließlich jedes Jahr.

Uns, die im Computerraum vor dem Bildschirm Versammelten, hatte es jedenfalls erreicht – und neben vielen weitere Fragen war es wohl vor allem eine, die sich viele stellten: Darf man das? An Weihnachten?

Frohes Fest

Interessanterweise stellte sich eben diese Frage schon genau zehn Jahre zuvor. Man mag es nicht glauben, aber das erste Hip-Hop-Lied, welches in Deutschland indiziert, also in die Liste der jugendgefährdenden Schriften[2] aufgenommen wurde, war ein Weihnachtslied, wobei es sich auch bei diesem eher um ein *Anti*-Weihnachtslied handelte. Besonders beachtlich ist dies, wenn man bedenkt, dass zu dieser Zeit hauptsächlich sogenannter *Rechtsrock* indiziert wurde, also Tonträger, die die NS-Ideologie verherrlichten, Rassenhass und Antisemitismus propagierten oder offen zu Gewalt gegen Andersdenkende aufriefen. „Pornografische und andere Darstellungen von Sexualität, auch von Gewalt, waren demgegenüber eher selten ein Indizierungsgrund."[3]

Das heutige Image der Künstler vor Augen habend ist es dabei mindestens ebenso überraschend, *wem* 1993 attestiert wurde, „Kinder und Jugendliche sozialethisch zu desorientieren [und] sittlich zu gefährden"[4] – denn diese Entscheidung betraf *Die Fantastischen Vier*. *Thomas D.*, Mitglied der Hip-Hop-Gruppe, erinnert sich wie folgt:

> Eigentlich eine Manageridee, 1991 bastelten wir an dem Album „Vier gewinnt" und der Bär [Andreas Läsker, Manager der Band, Anm. des Autors] wollte, dass wir zu Weihnachten 1991 eine Weihnachts-Singel machen sollten, die könne man cool jedes Jahr veröffentlichen und könnte ein paar Mark nebenher machen. Wir fanden die Idee mäßig, denn so richtig was Gutes fiel uns nicht ein. Wir haben wochenlang versucht diese „Hausaufgabe" zu bewältigen, mussten dem Bär dann aber doch absagen. Tage später haben wir den Groove von „Frohes Fest" gemacht und fanden den so geil, dass uns dann doch ein passender und peinlicher Text eingefallen ist und Frohes Fest war geboren. 1991 erschien sie zum ersten Mal und das bekam kaum einer mit. Als wir 92 dann mit „Die Da" abgingen, ging „Frohes Fest" Weihnachten 92 sogar bis auf Platz 15 in die Charts.[5]

Die Indizierung

Selbiges war auch für 1993 vorgesehen, und durch den stetig steigenden Bekanntheitsgrad der vier Stuttgarter wären wohl auch noch höhere Chartplatzierungen durchaus möglich gewesen – doch dazu sollte es nicht kommen. Denn durch die Entscheidung

Nr. 4345 der BPjS vom 04.11.1993, bekanntgemacht im Bundesanzeiger Nr. 224 vom 30.11.1993, wurde die CD *Frohes Fest* in „die Liste der jugendgefährdenden Schriften aufgenommen." Grundlage dafür war im Wesentlichen ein bei „Herrn Professor Ernst Zeitter, Audiovisuelles Zentrum der Pädagogischen Hochschule Heidelberg" in Auftrag gegebenes „erziehungswissenschaftlich-jugendkundliches Gutachten", dem sich die Bundesprüfstelle größtenteils anschließen sollte.

Interessanterweise war eben jener Bekanntheitsgrad der Gruppe, den sie „nicht zuletzt dank Rundfunk- und Fernsehwerbung [...] bereits bei Kindern im Alter von 7 oder 8 Jahren genießt", mitentscheidend, dass die Maxi-CD – enthalten war auch der Titel *Eins und Eins*, an dessen „sexualethisch desorientierende[r] Wirkung" ebenfalls „keinerlei Zweifel" bestünden – zwei Jahre nach Erscheinen ins Blickfeld der Prüfstelle geriet. Schließlich seien gerade Vorbilder – und als solche seien die Musiker zu werten – „für die Konstituierung einer sozialen Orientierung maßgeblich", da „in diesen Lebensphasen erfolgende Fehlorientierungen [...] zu einem späteren Zeitpunkt nur sehr schwer kompensierbar" seien.

Heranwachsende hätten – so die Auslegung 1993 – dabei „nur in beschränktem Maße" die „Fähigkeit, mediale Realität als selektive, vorinterpretierte zu erkennen", da ihnen entsprechende Vergleichsgrößen fehlen würden. Daher könne es dazu kommen, dass Medienbotschaften „aufgrund ihres allgemeinen Verbreitungsgrades sowie einer daraus ableitbaren öffentlichen Akzeptanz" als „Abbilder einer aus kumulierterten [sic!] Erfahrungen Erwachsener gewonnenen ‚Realität' bzw. ‚Normalität'" verstanden werden würden.

Werden Medienbotschaften jedoch naiv unkritisch als gesellschaftlich anerkannte Abbilder sozialer Realität mißdeutet, so ist die Gefahr „normativer" bzw. damit einhergehender „affirmativer" (So ist das Leben – die Wirklichkeit; die Profis, die das machen, werden es schon wissen, und es kann nicht schlecht sein, was alle konsumieren.) und „persuasiver" (So, wie die das machen, kannst/solltest auch du das tun ...) Wirkungen gegeben. Folgt man diesen Erkenntnissen, so ist eine ethisch normierende Wirkung der Texte der verfahrensgegenständlichen CD evident, zumal diese nicht nur als öffentlich rezipierbare Medienbotschaft einzustufen sind, sondern ihre Urheber bei Kindern und Jugendlichen zudem unzweifelhaft den Charakter eines öffentlichen Vorbildes genießen.[6]

Doch – worum ging es denn überhaupt in dem Liedtext? Womit wollten *Die Fantastischen Vier* auf ihre meist jungen Zuhörerinnen und Zuhörer – zumindest nach Ansicht der Prüfstelle – normativ, affirmativ und persuasiv einwirken?

> Es geht darin um Weihnachten aus der Sicht der weniger Glücklichen: Ein Mädchen erzählt aus ihrer zerrütteten Familie; ein Junggeselle besäuft sich und nutzt die freie Zeit der Feiertage zur Masturbation und zum ungeschützten Sex mit Prostituierten; eine Prostituierte, die HIV-positiv ist, geht Heiligabend auf den Strich. Die Fantastischen Vier verknüpfen die Protagonisten der Strophen dabei zu einem Weihnachten der gefallenen Engel.[7]

Aufgrund der „vergleichsweise anspruchsvolleren formalen als auch inhaltlichen Konstruktion" hegte die Prüfstelle zwar „[k]eine Zweifel [...]" an der durch den bevollmächtigten Rechtsanwalt vorgenommenen Einstufung ‚einer Karikatur in musikalischer Form'", trete doch „der satirische Charakter [und] seine Absicht ‚die Verlogenheit des christlichen Rituals' anzuprangern, für den erwachsenen Rezipienten offen zu tage." Dennoch fehlte es den Begutachtenden an expliziten Aufforderungen „es anders als in dem Text zu machen". Auch vermissten sie „Wegweiser in Richtung fruchtbarer Veränderungsmöglichkeiten". Daher notierte man folgende Indizierungsgründe:

> Während der erwachsene Rezipient aber immerhin zu erkennen vermag, daß Rauschgiftsucht im Zusammenhang mit Beschaffungsprostitution und Aids-Infektion, Alkoholismus, Ehebruch und der sexuelle Mißbrauch von Kindern, deren Beschreibung, sich der Text nahezu ausschließlich widmet, zwar gesellschaftlich sehr wohl existent sind, seinen engeren Lebenskreis derart kumuliert aber sicher nicht tangieren, stellt sich dieses für den im Aufbau seiner sozialen Sozialisation befindlichen Heranwachsenden vollständig anders dar.
>
> Es besteht zweifelsohne die Gefahr, daß die im Text vorgespielte charakterlicher Defizite (Brutalität / Zynismus / Fatalismus / Realitätssucht/durch Rachemotive motivierte Ausbeutung) als der Lebenserfahrung älterer Generationen adäquates, modellhaftes Abbild sozialer Realität mißverstanden wird.
>
> Der Erwachsene kann aus seiner Lebenserfahrung eine solche Medienbotschaft relativieren. Für Kinder und Jugendliche kommt sie zunächst aus der assoziativen Nähe des bejubelten Rock-Konzerts [...] Verstärkt wird diese Wirkung durch die Tatsache, daß Kinder und Jugendliche „Die Fantastischen Vier" aus der Werbung für einen bekannten

Süßwarenhersteller kennen. Rollenmuster werden unter dieser scheinbaren Beglaubigung als Zugelassenes transportiert. [...] Das ausweglos Negative kann zur von Profis produzierten, werbungsnahen und damit scheinbar gültigen Lebensperspektive gerade für die Kinder und Jugendlichen werden, die in einem brüchigen sozialen Milieu ähnliche Erfahrungen machen, deren Verallgemeinerung ihnen nun von einem formalen faszinierenden Medium mit der Wirkung möglicher Akkumulation der Einzelerlebnisse als scheinbare Katharsis angeboten wird. [...] Sozialisation als lebenslanger Prozeß kann nur gelingen, wenn das Kind bzw. der Jugendliche die Lebenswelt annehmen können, in die sie hineinwachsen. Das aber setzt Vertrauen zu der Generation voraus, die diese Lebenswelt verantwortlich mitbestimmt. Wird [...] das Vorhandensein einer verläßlichen Vertrauensbasis zwischen den Generationen, wie auch die Existenz bzw. Gültigkeit jedweder moralischer Werte negiert, so leistet dieses einer aus „Entfremdung" und „Anomie" herrührenden sozialen Desorientierung Heranwachsender Vorschub.

Die an den jugendlichen Rezipienten gerichtete Botschaft des Liedes „Frohes Fest" lautet daher: „Erwarte das Schlimmste von anderen, dann kannst du Enttäuschungen vermeiden. ... Es ist kaum möglich, wirklich glücklich zu werden. ... Gefühlsbindungen zu anderen sind normalerweise das Vorspiel zu Desillusionierung und Enttäuschung".[8]
Gesegnete Weihnachten!

Die Reaktion der Fantastischen Vier

Als das Lied 1991 erstmals veröffentlicht wurde, stand der große Durchbruch der *Fantastischen Vier* noch bevor. Dies änderte sich schlagartig durch den Release der Singleauskopplung von *Die da?!?* 1992 – ein Track, der auf dem zweiten Studioalbum *4 gewinnt* des gleichen Jahres enthalten war. Kommerziell ein voller Erfolg, sollte diese Veröffentlichung aber entscheidenden Einfluss auf das Image der Band – vor allem innerhalb der noch sehr jungen deutschen Hip-Hop-Szene – haben. Nicht selten ohnehin schon despektierlich als *Pop*-Album bewertet, führten vor allem Auftritte in der von *Dieter Thomas Heck* präsentierten *ZDF-Hitparade* und Werbedeals (häufig gesendet wurde damals beispielsweise eine TV-Fruchtsaftwerbung, in der Kinder zum mittlerweile landesweit bekannten Beat sprachen: „Ihr fragt euch jetzt natürlich, worauf ich steh. Ist es die da, die mit dem Apfel drin, oder die da, mit dem Multivitamin, oder die da, mit dem Calcium? He, das ist doch ganz egal,

Hauptsache Hohes C!") nicht unbedingt zu einem Anstieg der *street credibility*.

Bewusst entschied sich die Band daher, nur halbherzig gegen die Indizierung vorzugehen. Ihnen war es „wichtig, die single ‚frohes fest' in den indizierungshimmel der coolen platten einziehen zu lassen"[9], damit man „ein paar credibilitypunkte aufs imagekonto gutgeschrieben bekommt"[10], so *Smudo* in der vielen Online-Foren eigenen Dauerkleinschreibung. Man wollte darauf aufmerksam machen, dass man nicht nur ein „gespielter Witz"[11] sei, sondern sich auch – schon vor dem kommerziellen Erfolg – durchaus provokant mit der Wirklichkeit auseinandergesetzt, an gesellschaftlichen Standards und dem (christlichen) Establishment gerüttelt und Tabu-Themen behandelt hatte.

Die Neubewertung 2018

Nach deutschem Recht verliert eine Indizierung nach 25 Jahren ihre Wirkung (§ 18 Abs. 7 Satz 2 JuSchG). Ob „weiterhin die Voraussetzungen für die Aufnahme in die Liste vorliegen" (§ 21 Abs. 5 Nr. 3 JuSchG), ist dann erneut zu prüfen. So kam es, dass sich 2018 die Bundesprüfstelle für jugendgefährdende Medien erneut mit *Frohes Fest* auseinanderzusetzen hatte. Die Entscheidung, dass das Lied „aus der Liste der jugendgefährdenden Medien gestrichen"[12] wird, ist dabei vor allem aufgrund ihrer Begründungsstruktur interessant, wirft diese doch ein erstaunliches Licht auf die (angenommene) Medienkompetenz junger und jugendlicher Zuhörerinnen und Zuhörer:

Der Titel „Frohes Fest" beschreibt das Weihnachtsfest im Kreise der Familie. Dabei wird die „heile Welt", die zur Weihnachtszeit nach außen gelebt wird, vom Erzähler schnell als falsch und aufgesetzt angeprangert: Die Mutter der Familie hat eine Affäre mit dem Bruder ihres Mannes; der Vater ist sexuell frustriert und verlässt nach dem Abendessen das Haus; der Onkel schläft erst mit der Mutter und danach mit seiner elfjährigen Nichte („Die braucht das, die ist fast zwölf – frohes Fest"). Rhythmisch wird der Titel von einem Schlagzeug und Glöckchen begleitet. Anders als in seiner damaligen Entscheidung ist das Gremium nicht mehr der Auffassung, der Titel fördere bei Kindern und Jugendlichen eine defizitäre charakterliche Entwicklung. Vielmehr geht das Gremium davon aus, dass Kinder und Jugendliche sehr wohl in der Lage sind, den ironischen bis teilweise zynischen Ton, den das Lied an den Tag legt, als solchen zu erkennen. Schon in der Art und Weise, wie die Künstler den Sprechgesang vermitteln, fehlt es an der nötigen Ernsthaftigkeit, die es angesichts der Medienkompetenz der heutigen Kinder und Jugendlichen brauchen würde, um Kindern und Jugendlichen das Vertrauen in die Generation, in die sie hineinwachsen, zu nehmen. [...] Vielmehr erkennt das Gremium, dass die Künstler damit das besinnliche familiäre Beisammensein und „Miteinander", durch diese finale Spitze endgültig demontieren und mit Wortwitz ein familiäres „Gegeneinander" beschreiben und so auf satirische Art und Weise die aus Sicht der Interpreten gegebene Scheinheiligkeit des christlichen Festes anprangern.[13]

Die *Fantastischen Vier* – oder deren Management – reagierten umgehend. Seit dem 11.11.2018 – keine zwei Wochen nach der Veröffentlichung der Entscheidung im *Bundesanzeiger* – ist das Lied *Frohes Fest* auf dem *YouTube*-Kanal der Gruppe abrufbar.

Yolohafte Swagnachten und andere Fragwürdigkeiten

Am Rande sei erwähnt, dass in einer Vielzahl von Titeln Weihnachten nur als allen Zuhörenden bekannte Vergleichsgröße in Reimen begegnet, die bisweilen ein Haus-Maus-Qualitätslevel nicht übersteigen. Weder für „ihr könnt einpacken – wie an Weihnachten" (Dardan) noch für „Kleines Schleifchen auf dem String, du bist verpackt wie ein Geschenk, als wär' es Weihnachten" (Shindy) braucht es wohl längere Interpretationsansätze.

Doch auch bei der tatsächlichen inhaltlichen Auseinandersetzung mit dem Fest gelang es leider vielen Deutschrap-Künstlerinnen und -Künstlern nicht, das Niveau einer „Karikatur in musikalischer Form"[14], einer zwar provokanten, aber doch aussagekräftigen Auseinandersetzung mit der „Scheinheiligkeit des christlichen Festes"[15], zu erreichen. Beleuchteten die *Fantastischen Vier* noch verschiedene Schattenseiten, so bleiben andere Titel recht monothematisch, sei es exzessiver Alkoholkonsum in *FiNCHs Frohe Weihnachten*, exzessive Gewalt in *Rohes Fest* von *Morlockk Dilemma* (wobei die Textzeile „Es ist das Fest des falschen Lachens und der harmonischen Lüge" fast die Überschrift dieses Artikels geworden wäre) – oder exzessiver Geschlechtsverkehr, wovon *Money Boy* seinen Zuhörerinnen und Zuhörern in *Yolohafte Swagnachten* erzählt. Neben möglichst willigen Sexualpartnerinnen hat er dabei nur einen Wunsch: „Lieber Weihnachtsmann, tu mir was von Gucci bringen." Andere Rap-Weihnachtslieder verhehlen ihre eigentliche Intention, die zur Jahreszeit entsprechenden Klickzahlen zu generieren, kaum – zum Beispiel wenn die *257ers* ihr kommerziell erfolgreichstes Lied *Holz* kurzer Hand als *Holz (Weihnachtslied)* weihnachtlich umgetextet erneut veröffentlichen.

Andere wie zum Beispiel *Kollegah* liefern mit Titeln wie *Bosshafte Weihnachten* Verkaufsschlager – Weihnachten ist schließlich jedes Jahr. So gibt es mittlerweile neben der Ursprungsversion aus dem Jahr 2010 („In der verschneiten Kaiserstraße suchen Freier deine Ma // Vergebens, denn Kollegah gibt ihr frei an Heiligabend // Und den Weihnachtsfeiertagen, denn der Kanada-Deutsche // Pflegt die Feiertagsbräuche und macht Weihnachtseinkäufe") auch *Bosshafte Weihnachten 2015* („Es ist der gönnerhafte Boss mit seinem herzhaften Charme // Er macht ihr zum vierten Advent die vierte Herdplatte an // Schenkt ihr Spülmaschinentabs, sie freut sich übertrieben krass // Und springt vor Freude im Dreieck, wie bei 'nem Pyramidenschatz") und schließlich *Bosshafte Weihnachten 2018* („Es läuten die Glocken der Kirchturmuhren // Und warst du nicht alpha, haut der Boss dich mit Birkenruten").

Neben der genretypischen Gangster- und Zuhälterattitüde sind es dabei die verlässlich wiederkehrenden Schnee-Wortwitze, die die Zugehörigkeit zur Drogendealerszene verdeutlichen sollen, in Weihnachtsliedern aber eine vermeintlich natürliche Umgebung finden: quasi eine Win-Win-Situation. Ähnliches gilt für *Weihnachten in meinem Viertel* von *Slavik*, auch wenn *Kai Pflaume* im offiziellen Video nicht so recht in dieses Bild passen mag und der auch als Schauspieler und Webvideoproduzent in Erscheinung tretende Interpret nicht von allen als Rapper im engeren Sinne betrachtet werden würde.

Auffällig ist dabei die recht ähnliche Konstruktion dieser Lieder – sei es der bereits eingangs erwähnte *WeihnachtsSong*, *Bosshafte Weihnachten*, *Weihnachten in meinem Viertel* oder auch *Rohe Weihnachten* von *Favorite*: Nachgezeichnet wird stets dieses ganz andere Weihnachten in der jeweiligen Umgebung der Künstler, welches bewusst von den vermeintlich normierten und erstrebenswerten Weihnachtsklischees abweicht. Für ein sich so selbst als Außenseiter und Randfiguren der Gesellschaft verstehendes Klientel präsentieren die Textenden eigene, andersartige, aber in ihren

Augen dadurch treffendere Skizzen, worum es an Weihnachten geht, wie die Feiertage ablaufen, welche Emotionen mit ihnen verbunden sind – und auch, wie diese andere Sicht auf Weihnachten entstand: „Ich war mal Heimkind, was heißt, da lag nichts unter'm Christbaum // Also dachte ich mir Weihnachten, da geb' ich einen Fick drauf" *(Rohe Weihnachten)*.

Neben dieser Wirkung nach innen, gerichtet an ein Publikum, welches sich in diesen – wenn auch überzeichneten – Darstellungen womöglich eher wiedererkennt und angesprochen fühlt als in *Last Christmas*, geht damit zudem nicht selten die Intention einher, denjenigen, deren Weihnachten eher dem vermeintlichen Bilderbuch entspricht, zu zeigen, wie es „im Viertel" aussieht und abläuft.

Allerdings – und auch das ist ein stetig wiederkehrendes Motiv – stehen auch bei *diesem* Weihnachten vor allem Geschenke im Zentrum. Dies sind dann aber nicht Socken und Seife, sondern „ein Snipergewehr // Plus 'ne Panzerfaust" *(Rohe Weihnachten)*. „Der dicke Hagen kriegt 'n verkleinerten Magen" *(WeihnachtsSong)*, „[d]er Martin kriegt den Schlagring" *(Bosshafte Weihnachten)*, aber „Mandy und Lars wollen nur MDMA" *(Bosshafte Weihnachten 2015)*. Selbstverständlich werden dabei auch materielle Geschenkartikel nicht einfach käuflich erworben, sondern „Onkel Slavik bringt Geschenke mit dem Bolzenschneider" *(Weihnachten in meinem Viertel)*.

Trotz dieser auf eine bewusste Nonkonformität abzielenden ironischen Überformung – statt Nächstenliebe, Dankbarkeit und Solidarität stehen meist Eigennutz, Drogenkonsum und Gewalt im Zentrum – vermitteln aber selbst *Anti*-Weihnachtslieder bisweilen zumindest unterschwellig eine gewisse Sehnsucht nach einer heil(er)en Welt, in der man sich beschenkt, gemeinsam Zeit verbringt und füreinander da ist. Mitunter begegnen Textzeilen, die aufgrund ihrer plötzlichen Ernsthaftigkeit aus dem Rahmen zu fallen scheinen: In *Die JBG3 Weihnachtsgeschichte* von *Kollegah* und *Farid Bang* – JBG ist dabei das Akronym von *Jung, brutal, gutaussehend*; ein Titel, unter dem 2009, 2013 (2) und 2017 (3) jeweils Kollaborationsalben der beiden Rapper erschienen – wird eine Geschichte erzählt, wie beide Künstler den Weihnachtsabend verbringen. Während *Kollegah* dabei – natürlich „bosshaft" – im Kreise der Familie weilt, verbringt *Farid Bang* zusammen mit „Ali", „Youssuf" und dem „nächste[n] Moslem Ahmed" die Zeit im Sisha-Café und fühlt sich von seinem Freund *Kollegah* versetzt, weshalb er kurzer-

hand beschließt, einen Mann im Weihnachtsmannkostüm zu über-
fallen, ihn seiner Verkleidung zu berauben, um in dieser *Kollegah*
zu besuchen und in einem Moment der Unachtsamkeit auszu-
rauben. „Ey, ich greif' mir den Perlschmuck, greif' mir den Erb-
schmuck // Weihnachten, das Fest der Liebe, ich bin leider sehr
herzlos." Als *Kollegah* dies bemerkt, nimmt er die Verfolgung auf
und stellt den Verkleideten zur Rede, der jeweils antwortet:

Kollegah:	*Zack, da hab' ich ihn, stehen geblieben*
	Junger Mann, bei Weihnachten geht's um Geschenke
	und um Nächstenliebe
Farid Bang:	*Das sagt der Richtige, du hast mich doch im Stich*
	gelassen
	Der Einzige, der mir zur Seite stand, die Whiskey-
	Flasche
Kollegah:	*Bruder, laber keine Scheiße, rück den Schmuck wieder*
	raus
	Und dann feiern wir zusammen in der Clubshisha-
	lounge
Farid Bang:	*Denn egal, ob du Jude, Christ oder Moslem bist*
Kollegah:	*Heilig Abend ist das Fest, das dir Hoffnung gibt*
Farid Bang:	*Ey, Kolle, du hast Recht, es ist Weihnachten*
Kollegah:	*Ich zeig' ihm den Daumen hoch wie beim Likebutton*

Ausnahmen bestätigen die Regel: inhaltlich relevante Auseinandersetzungen mit dem Weihnachtsfest

Es gibt sie also tatsächlich. Deutschrap-Songs, die sich – zumindest partiell – tiefgreifend, teils gar berührend mit dem Weihnachtsfest beschäftigen, ohne von einem Stereotyp zum nächsten
zu schwanken.

Die Fragen, die Weihnachten als christliches Fest dabei vor allem für Nicht-Christen aufwirft, behandelt auch *Al-Gear* in seinem
Song *Integration*. Der Text besteht dabei aus drei Teilen, in denen
jeweils eine fiktive Person zu Wort kommt. In Strophe 1 ist das *Ali*,
der als Migrant, der sich weigert, sich zu integrieren, angelegt ist.
Auf ihn folgt mit *Klaus Runkelmann* in Strophe 2 ein Neonazi, der
ähnlich wie Ali die entsprechenden Klischees bedient und Äuße-

rungen tätigt. Passend zum Liedtitel versucht die dritte Strophe eine Synthese und beleuchtet die Frage, welche Bedingungen für eine gelingende *Integration* vorliegen müssen. *Abdel*, so der Name des abschließend zu Wort kommenden Charakters, richtet dabei Worte der Kritik an beide zuvor Sprechenden. Dabei wird ersichtlich, dass ein Miteinander durch Kompromisse und gegenseitige Wertschätzung möglich sein könnte – wenn beide Seiten dazu bereit sind. Exemplarisch bindet *Al-Gear* dabei die Frage ein, ob Muslime ihren Kindern etwas zu Weihnachten schenken sollten. Seine Antwort liest sich wie folgt:

> *Und was ist schlimm, wenn du deinem Sohn mal was zu Weihnachten kaufst*
> *Wenigstens lachen die anderen Kinder ihn dann nicht aus*
> *Dein Glauben brauchst du nicht zu ändern, der sitzt tief im Herz*
> *Doch ein wenig Integration, Akhi, wär' nicht verkehrt*

Abschließend soll auf einen genuinen *Weihnachtssong* eingegangen werden, der aber – im Gegensatz zu vielen der bisher präsentierten Tracks – bestehende Playlisten erweitern kann, ohne dass bei Hörenden sofort das Gefühl entsteht, es wäre wohl besser, wenn die eigenen Eltern (oder Kinder) dieses Lied nicht hörten. Zwar begegnen in *Weihnachtssong* von *Manuellsen* aus den zuvor angeführten Songs bekannte Motive – auch hier wird kein klassisches Weihnachtssetting vor Augen geführt – doch die Grundstimmung ist eine völlig andere: Dankbarkeit und Wertschätzung, gerade verbunden mit und angebunden an diesen Feiertag: „Wie könnt' ich Weihnachten vergessen // Denn wir konnten jedes Weihnachten essen // Es war die schönste Zeit und glaub mir, es gibt kein Geld der Welt // Was das Gefühl ersetzt, wenn dich jemand in den Händen hält." *(Weihnachtssong)*

Auch *Manuellsen* versteht sein Lied als Geschenk an die Zuhörenden, deren persönliches Leid aber als solches anerkannt, und nicht zur bloßen Attitüde stilisiert wird:

> *Und ich merke, dass es Kids gibt, bei den'n es nichts gibt*
> *Und trotz Überstunden Papa halt nicht rich ist*
> *Menschen draußen, Mann, die hassen ihr'n Gott*
> *Denn sie liegen auf den Straßen ohne Dach übern Kopf*

97

Manche verbring'n ihre Weihnacht ganz allein
Todeskrank in 'nem Krankenzimmer, glaub mir, und wein'n nachts
Und wünschen sich, fürs nächste Jahr noch Glück zu haben
Manche verbring'n ihre Weihnacht in 'nem Schützengraben
Und was nützt da das hart sein und Geld haben
Manchen zünden eine Flamme auf dem Grabstein der Eltern
Und Dawg, versteh mich nicht falsch
Ich will hier nicht Welt verändern oder Mitleid, 'n Hit schreiben
Nein, Dawg, ich will, dass ihr euch letztendlich freut
Und habt ihr nix, hier ist 'n Geschenk für euch.

Ausblick

Man darf gespannt sein, welche Deutschrap-Werke die nächsten Jahre liefern werden – Weihnachten ist schließlich jedes Jahr, und eine derart lukrative Einnahmequelle wird auch in Zukunft von den Wenigsten ignoriert werden. Sowohl in Qualität, Einfallsreichtum und Relevanz werden – wie auch in den letzten 30 Jahren – dabei sehr wahrscheinlich gänzlich verschiedene literarische Früchte geerntet werden. Es bleibt zu hoffen, dass es auch in Zukunft noch vereinzelt Perlen darunter geben wird, bei denen ein genaueres Hinhören die Geduldigen und Aufmerksamen belohnt.

Frohes Fest – Fanta 4:
   https://music.youtube.com/watch?v=RSsXAGYQOj8

Weihnachtssong – Manuellsen:
   https://music.youtube.com/watch?v=PIOUDHfUiGo

Anmerkungen

[1] Vgl. https://www.youtube.com/watch?v=HgFt4tOuMp8, 3:11.

[2] Durchgeführt wurden diese Überprüfungen durch die Bundesprüfstelle für jugendgefährdende Schriften (BPjS), seit 2003 benannt als Bundesprüfstelle für jugendgefährdende Medien.

[3] Daniel Hajok: Musik auf dem Index. Zahlen und Argumentationen zur Indizierung von Tonträgern, in: tv diskurs 77, 3/2016, 72–77, hier 74.

4 Bundesprüfstelle für jugendgefährdende Schriften: Pr. 178/93, Entscheidung Nr. 4345 vom 04.11.1993, bekanntgemacht im Bundesanzeiger Nr. 224 vom 30.11.1993, 4.

5 Thomas D., Frohes Fest, https://thomasd.net/audio/details/frohes-fest/.

6 Wie die vorherigen Zitate aus: Bundesprüfstelle für jugendgefährdende Schriften: Pr. 178/93, Entscheidung Nr. 4345 vom 04.11.1993, bekanntgemacht im Bundesanzeiger Nr. 224 vom 30.11.1993.

7 Stefanie Maeck, Fanta 4 total verboten, 01.12.2015, https://www.spiegel.de/geschichte/adventskalender-die-fantastischen-vier-auf-dem-index-a-1065204.html.

8 Bundesprüfstelle für jugendgefährdende Schriften: Pr. 178/93, Entscheidung Nr. 4345 vom 04.11.1993, bekanntgemacht im Bundesanzeiger Nr. 224 vom 30.11.1993, 5 f.

9 Smudo (NG-Posting), Januar 1999, redaktionell bearbeitet, https://diefantastischen4.de/ARCHIV/POSTINGS/FROHESFEST.HTM.

10 Smudo (NG-Posting), Januar 1999, redaktionell bearbeitet, https://diefantastischen4.de/ARCHIV/POSTINGS/FROHESFEST.HTM.

11 In einem dpa-Interview erinnerte sich Thomas D.: „Ungeachtet der anderen Lieder, die wir bis dahin geschrieben hatten, reduzierte man uns auf unseren einzigen Hit *Die da?!?* – wir waren ein gespielter Witz."

12 Bundesprüfstelle für jugendgefährdende Medien: Pr. 658/2018, Entscheidung Nr. 6247 vom 11.10.2018, bekannt gemacht im Bundesanzeiger AT vom 29.10.2018, 2.

13 Bundesprüfstelle für jugendgefährdende Medien: Pr. 658/2018, Entscheidung Nr. 6247 vom 11.10.2018, bekannt gemacht im Bundesanzeiger AT vom 29.10.2018, 5.

14 Bundesprüfstelle für jugendgefährdende Schriften: Pr. 178/93, Entscheidung Nr. 4345 vom 04.11.1993, bekanntgemacht im Bundesanzeiger Nr. 224 vom 30.11.1993, 2.

15 Bundesprüfstelle für jugendgefährdende Medien: Pr. 658/2018, Entscheidung Nr. 6247 vom 11.10.2018, bekannt gemacht im Bundesanzeiger AT vom 29.10.2018, 5.

Ein Märchen von Liebe und Einsamkeit: der bittersüße Charme von „Fairytale of New York"

Marina Fleck

„It was Christmas Eve" – was wie der Beginn einer beschaulichen Anekdote oder schönen Erzählung klingt, ist der eröffnende Vers eines Weihnachtsliedes, das die Hörerinnen und Hörer mit auf eine unerwartete Reise nimmt. Das wird bereits im zweiten Vers deutlich, in dem beschrieben wird, wo sich der eingangs erwähnte Heiligabend abspielt: nämlich in einer Ausnüchterungszelle. Ein Spiel mit Erwartungen und Brüche von Klischees gehören zur Tagesordnung in diesem Lied, das den idyllisch anmutenden Titel *Fairytale of New York* trägt. In diesem Beitrag wird ein Blick auf die zentralen Charaktere und intertextuellen Elemente des Liedes geworfen. Außerdem wird eine Einordnung in kulturgeschichtliche Kontexte versucht und der Frage nachgegangen, was die Faszination dieses ungewöhnlichen und sehr populären Weihnachtsliedes ausmacht.

Das Lied wurde im Jahr 1987 von der britischen Band The Pogues (mit Kirsty MacColl) veröffentlicht und hat eine mehrjährige Entstehungsgeschichte. Die Idee dazu hatten Shane MacGowan und Jem Finer, beide Mitglieder der Band The Pogues, bereits 1985. *Fairytale of New York* ist ein Duett und eine Ballade, die Elemente irischer Folksongs aufgreift. Das Stück setzt ruhig ein, zunächst ist nur ein Klavier zu hören, dann nimmt es Fahrt auf und in der Mitte klingt es mit Streichern und Harfe wie ein Folksong, der zum Tanzen einlädt. Wechselweise erzählen ein Mann und eine Frau, die beiden sind ein zerrüttetes Einwandererpaar, von ihrer Beziehung und gemeinsamen Erlebnissen zur Weihnachtszeit in New York. Es werden Emigrationserfahrungen angedeutet und Themen wie Einsamkeit oder gescheiterte Träume aufgegriffen, die an den Weihnachtstagen eine besondere Wirkmacht zu entfalten scheinen.

Die Inspiration für den Titel kam von James Patrick Donleavys nahezu gleichnamigem Roman *A Fairy Tale of New York*, der 1973 veröffentlicht wurde. Mehr als den Titel haben die beiden Werke jedoch nicht gemein. Ursprünglich sollte das Lied der Pogues auch nicht primär in den USA, sondern in Irland angesiedelt sein. So heißt es in einem frühen Entwurf: „It was a wild Christmas Eve on the West Coast of Clare / I looked cross the ocean, asked what's over there?" Zusätzlich sollte ein Seefahrer vorkommen, der sich in New York aufhält und der an seine Heimat in Irland denkt. Es ist unter anderem Marcia Finer, der Ehefrau von Jem Finer, zu verdanken, dass *Fairytale* zu dem Lied wurde, das es ist. Denn sie hatte die Idee zu einem verbalen Schlagabtausch zwischen einem Paar zur Weihnachtszeit. Der Erfolg sollte ihr recht geben: *Fairytale* war zwar nie die Nummer eins der Charts, ist aber bis dato das meistgespielte Weihnachtslied des 21. Jahrhunderts im Vereinigten Königreich. Auch wird es häufig gecovert, beispielsweise von bekannten Musikern wie Ed Sheeran im Jahr 2017, dreißig Jahre nach der Veröffentlichung durch die Pogues. Die Popularität des Liedes sieht Dorian Lynskey darin begründet, dass es ein Weihnachtslied ist, das sich „echt" anfühlt. Ein Weihnachtslied, das nahezu ohne kitschige Elemente auskommt, beziehungsweise mit diesen spielt und diese stellenweise bricht. Hörerinnen und Hörern wird eine turbulente Montage verschiedener Weihnachtsabende geboten. Die Charaktere wirken unsympathisch, das Ende, so viel sei verraten, ist offen. *Fairytale* scheint ein Weihnachtslied zu sein, das nicht ausschließlich zum Mitfühlen, sondern auch zum Mitdenken anregt. Es werden, wie bereits erwähnt, universal menschliche Themen wie Einsamkeit oder der Umgang mit geplatzten Träumen adressiert. Es wäre daher irrig anzunehmen, der Folk-Rock-Weihnachtssong besäße keine Tiefe. Auf welche historischen, sozialen Phänomene nimmt ein Lied wie *Fairytale* Bezug? Wie lässt es sich kulturell verorten? Darum soll es im nächsten Abschnitt gehen.

Imaginierte Gemeinschaften, erfundene Traditionen: die irische Diaspora und *Fairytale of New York*

Shane MacGowan, der Pogues-Sänger, ist von klein auf mit irischer Kultur vertraut. Er wurde als Sohn irischer Einwanderer zur Weihnachtszeit, genauer am 25.12.1957, in England geboren, verbrachte aber die ersten sechs Lebensjahre in Tipperary (Irland), bevor seine Eltern erneut nach England zogen. Die Beschreibung seiner Kindheit in Irland, die im Artikel „My Family Values" zu

finden ist, zeichnet ein Bild, das an Ausschnitte in *Fairytale* erinnert. Der Alltag in seinem Elternhaus muss lebhaft und musikalisch gewesen sein: „[...] people would come around at all hours
and there would be dancing and card-playing and boozing and
singing. It was like living in a pub. [...] I used to learn a song a day
from my mother's family, so I build up a huge repertoire. Mostly
Irish songs." Es wird deutlich, dass ihm irische Musik von klein auf
geläufig ist, ebenso, wenn man an den Umzug nach England denkt,
die Erfahrung von Ortswechseln. Beides sind zentrale Elemente in
der Herausbildung einer irischen Diaspora. Seit der Mitte des
20. Jahrhunderts wird der Begriff ,Diaspora', wie es unter anderem
Kevin Kenny herausgearbeitet hat, für die (unfreiwillige) Zerstreu-
ung einer Gruppe verwendet und soll helfen, die Welt, die durch
Migration entsteht, zu erklären. Denn Diaspora kann neue Formen
der Identität und der Kultur schaffen und sich zum Beispiel in
Literatur und Musik niederschlagen. Demnach liegt der Fokus bei
,Diaspora' nicht auf den Prozessen der Migration, sondern auf den
Kulturen, die durch sie entstehen. Diese sind in der Regel historisch
konstruiert und nicht stabil. Durch Kunst kann ein Einblick in solche Erfahrungen und ihre Aufbereitungen erlangt werden. *Fairytale*
greift Emigrationserfahrungen auf und spielt mit ihnen, wie dieser
Aufsatz zeigen soll. Im Begriff der ,Diaspora' schwingt auch eine
reale oder imaginierte Verbindung zum Ursprungsland mit. Dabei
wandelt sich das Verhältnis von Orten, Identitäten und Musik stets.
Seit dem 19. Jahrhundert wurde Musik vor allem für die irische
Diaspora, wie beispielsweise Gerry Smyth gezeigt hat, zu einem
soziopolitischen Ritual, das verbindend wirken und ein Ausdrucks-
mittel persönlicher Gefühle sein kann. Jim Carroll konstatiert ähnliches zur Bedeutung von Liedern in der und für die Geschichte
Irlands: „The story of Irish migration down through centuries has
always been told in song." Dies wird auch in *Fairytale*, das in New
York City angesiedelt ist und viele Andeutungen auf Irland und
Iren beinhaltet, deutlich. Es ist ein Weihnachtslied, das Hoffnungen, die mit Migrationserfahrungen häufig einhergehen, benennt
und den Wunsch nach einer Verbindung zum Ursprungsland auf-
zeigt. Gleichzeitig kann Musik, ähnlich wie Literatur, grenzüber-
schreitend wirken und breiten Anklang finden. Das Verlorenheits-
gefühl, das sich stellenweise in *Fairytale* findet, ist auch für viele
Amerika-Erfahrungen in der Literatur zentral, darauf macht bei-

spielsweise Jan Wiele aufmerksam. Gleichzeitig handelt es sich dabei um Erfahrungen, die über eine irische Diaspora hinausgehen und von vielen Menschen nachvollzogen werden können. Einsamkeit, vor allem zur Weihnachtszeit und noch dazu in der Großstadt, ist etwas, das viele Hörerinnen und Hörer nachempfinden können. Zusätzlich schwingt die Vorstellung einer Rückkehr ins ursprüngliche Heimatland in Konzepten rund um Diaspora häufig mit. Auch wenn das Paar, das im Zentrum von *Fairytale* steht, keine expliziten Versuche der Rückkehr unternimmt, so kann aus den irischen Liedern, die zitiert werden, eine Sehnsucht nach der „alten Heimat" herausgelesen werden. Die in *Galway Bay* und *The Rare Old Mountain Dew* besungene idyllische Darstellung Irlands steht im Kontrast zur kalten New Yorker Großstadtatmosphäre. Die gescheiterten Träume des Paares in den USA verstärken vermutlich das Gefühl der Zugehörigkeit zum Ursprungsland und lassen die Gründe, die zu einer Emigration führten, in den Hintergrund treten. Die Gründe für Migration und die Erfahrungen, die Menschen machen, sind vielseitig und vielschichtig. Deshalb ist es wichtig, dass soziale und zeitliche Unterschiede nicht nivelliert werden. Das Konzept der ‚Diaspora' kann lediglich als Versuch dienen, um sich dem Phänomen der Migration und ihren kulturellen Ausprägungen, wie beispielsweise in *Fairytale*, zu nähern Es kann den Blick für gesellschaftliche Entwicklungen schärfen, die durch Migrationsprozesse entstehen und sich unter anderem in Liedern niederschlagen.

Neben dem Konzept der ‚Diaspora' spielen Traditionen eine wichtige Rolle in der Formung von Identitäten und kulturellen Erzeugnissen. Darauf macht Eric Hobsbawm in dem von ihm und Terence Ranger erstmals im Jahr 1983 herausgegebenen Band *The Invention of Tradition* aufmerksam. Die Weihnachtszeit und ihre Musik sind reich an Traditionen, man denke nur an das Schmücken des Christbaumes oder Chorauftritte, wie sich auch einer in *Fairytale* findet. Bei der Konfigurierung von Identität wird häufig der Versuch unternommen, Traditionen eine Vergangenheit zu geben, damit sie authentisch und fest in einer Gemeinschaft verwurzelt wirken, obwohl sie dies möglicherweise gar nicht sind. Ein Beispiel für eine moderne Erfindung einer vermeintlich traditionsreichen Einrichtung wäre der New Yorker Polizeichor, den die Pogues für das Lied erfunden haben, wie noch ausgeführt wird. Ein weiteres Mittel, um sich künstlerisch auf die Vergangenheit zu beziehen, ist nach Hobsbawm das Aufgreifen von Melodien, die aus Volksliedern bekannt sind. Vor allem im Mittelteil von *Fairytale* finden sich musikalische Elemente eines *céilidh*, einer vergnügten Tanzveranstaltung, die auf einer gälischen Tradition fußt. Durch sie werden die Hörerinnen und Hörer an Adventsabende erinnert, die gern in Gemeinschaft verbracht werden. Außerdem werden, wie noch gezeigt wird, zwei traditionell anmutende Lieder und ein Gedicht von William Butler Yeats, einem bedeutenden irischen Schriftsteller des 19./20. Jahrhunderts, aufgegriffen. Damit wird in *Fairytale* der Versuch unternommen, eine Verbindung zwischen Vergangenheit und Gegenwart zu schaffen.

Neben (konstruierten) Traditionen können auch Erinnerungen identitätsstiftende Funktionen für Individuen oder die Mitglieder einer Gruppe haben. So können Emigrationserfahrungen oder andere einschneidende Erlebnisse zu Narrativen für Einzelne oder Gruppen werden. Benedict Anderson spricht von „imaginierten Gemeinschaften" („imagined communities"). Er verweist damit darauf, dass die Zugehörigkeit zu bestimmen Gruppen in großen Teilen arbiträr ist und durch das Schaffen gemeinsamer Narrative, Werte und Erinnerungen Sinn gestiftet werden soll und ein Zusammengehörigkeitsgefühl innerhalb einer Gruppe entstehen kann. Auch in *Fairytale* scheinen Erinnerung und Identität stark miteinander verwoben zu sein. Die Erfahrungen des Paares in New York und ihre gescheiterten Träume lassen sie verbittert werden und gleichzeitig wehmütig an die Vergangenheit denken. Umgeben ist das Paar von anderen Iren oder Menschen, die einen Bezug zu Irland haben. Mit dem betrunkenen Sänger in der Ausnüchterungszelle und dem Polizeichor wird eine Art Emigrationsgemeinschaft suggeriert, die sehnsuchtsvolle Lieder über die ehemalige Heimat zu verbinden scheinen. Die imaginierte Gemeinschaft von Iren in den USA spielt zumindest im Subtext von *Fairytale* eine größere Rolle. Dies wird auch an intertextuellen Elementen deutlich, deren mögliche Funktionen im Folgenden dargelegt werden.

Intertextualität in *Fairytale of New York*

Im Weihnachtslied der Pogues werden zwei Lieder direkt erwähnt und ein Gedicht indirekt zitiert. Es handelt sich um das Irish Tradi-

tional: *The Rare Old Mountain Dew*, das amerikanische Weihnachtslied *Galway Bay* (1948) und eine Anspielung auf einen Vers aus
dem Gedicht *Sailing to Byzantium* (1928) von William Butler Yeats.
Wie fügen sie sich in den Kontext von *Fairytale* ein?

In der ersten Strophe stimmt ein alter Mann in der Ausnüchterungszelle *The Rare Old Mountain Dew* an und löst damit beim Erzähler den Strom an Erinnerungen aus, der in den folgenden Strophen präsentiert wird. Es handelt sich um einen irischen Folksong,
der von verschiedenen Künstlern, darunter auch von den Pogues,
vertont wurde. Das illegale Brennen von Whiskey und die Freude
an exzessivem Trinken stehen im Fokus des Liedes; ja, der Konsum
von großen Mengen Alkohol wird sogar als Allheilmittel besungen.
Nicht verwunderlich also, dass das Lied in einer Ausnüchterungszelle angestimmt wird. Es liegt die Vermutung nahe, dass der Mann,
der das Lied singt, irischer Abstammung ist und am Heiligabend in
einer ähnlich nostalgischen Stimmung oder von Heimweh gezeichnet ist wie der Protagonist von *Fairytale*. Die vereinfachte, reduzierte Darstellung von Irinnen und Iren – hier als starke Trinkerin-
nen und Trinker – wird als *paddywhackery* bezeichnet. Die Pogues
greifen solche Stereotype auf, spielen mit ihnen und öffnen sie so
einer kritischen Betrachtung. Der Protagonist ist eine überspitzte
Figur, die zwischen einem trinkenden, heimwehgeplagten, gescheiterten, glücksspielenden Wesen wankt, sich ein weiteres Weihnachtsfest mit der Liebsten wünscht und das Erreichen seiner
Träume an ihre knüpft. *The Rare Old Mountain Dew* scheint beim
Protagonisten starke Gefühle zu wecken, denn er muss sich beim
Hören abwenden, vielleicht weil er überwältigt ist. Es liegt die Vermutung nahe, dass die beiden Männer, die in der Ausnüchterungszelle sitzen, irischer Abstammung sind, ebenso die Partnerin des
Protagonisten, denn der Erinnerungsstrom, den *The Rare Old Mountain Dew* auslöst, führt zu Gedanken an die Frau. In diesem Traditional finden sich stereotype Darstellungen des Landes, so wird beispielsweise die hügelige Landschaft um Galway besungen. Diese
wird auch im zweiten Lied, das in *Fairytale* zitiert wird, als zentraler
Sehnsuchtsort benannt. Eröffnet das Weihnachtslied der Pogues
mit dem Bezug zu einem bekannten irischen Trinklied, taucht im
weiteren Verlauf ein Lied auf, das vor allem außerhalb Irlands berühmt wurde und gerne zur Weihnachtszeit gehört wird, auch
wenn der Text auf keine konkrete Zeit im Jahresverlauf verweist.

Galway Bay kann als ein ruhiges, sentimentales Lied beschrieben werden, das die Schönheit und Idylle Irlands besingt. Geschrieben von Arthur Colahan wurde es 1947 von Harry Lillis Crosby, bekannt als Bing Crosby, eingesungen und ein großer Erfolg. Es klingt wie ein Irish Traditional, ist aber ein US-amerikanisches Stück, das noch keine 80 Jahre alt ist. Im Zentrum steht eine friedliche Naturszenerie: Der Fluss fließt gemächlich vor sich hin, die Landbevölkerung holt Heu ein, man sitzt am Torffeuer und die leichte Brise bringt einen Duft von Heidekraut. All dies findet man, so das Lied, wenn man sich von den USA aus auf den Weg nach Irland machen würde. Die Menschen dort seien bodenständig und im Einklang mit der Natur, so scheint es. Die Landschaft Galways als das Paradies auf Erden, das ist eine Botschaft des Liedes. Und so schließt es mit der Bitte des lyrischen Ichs an seinen Schöpfer, den Himmel in der Bucht von Galway finden zu dürfen: „And if there is going to be a life hereafter / And faith I am sure there's going to be / I will ask my God to let me make my heaven / In that dear land across the Irish sea." Diese einprägsamen Bilder von Irland als einer Art „gelobtem Land" tauchen in *Fairytale* auf, wenn dort der fiktive New Yorker Polizeichor *Galway Bay* anstimmt. Dies geschieht in der Mitte des Liedes, die sich durch eine nahezu klischeeartige weihnachtliche Szenerie und eine der wenigen glücklichen Erinnerungen des Paares kennzeichnet: gemeinsam tanzen sie durch die winterliche Nacht, der Chor singt *Galway Bay* und Glocken läuten den Weihnachtstag ein. Bei dem Chor, der das Lied anstimmt, handelt es sich um eine Fiktion, die gut in die beschwingte Weihnachtsszene passt. Das Polizeidepartment der Stadt New York verfügt nicht über einen Chor, sondern über eine Musikgruppe, die *Pipes and Drums of the Emerald Society*. Für die Atmosphäre von *Fairytale* sind der Polizeichor und die Wahl des Liedes, das sie singen, nicht nur für die weihnachtliche Stimmung, die sie hervorrufen, von großer Bedeutung. Sie verweisen auch darauf, dass das Paar nicht allein ist. Denn die Angehörigen des Polizeichores, so die Implikation, sind irischer Abstammung, vor allem, wenn sie ein Lied wie *Galway Bay* singen. Hier bedienen die Pogues das Stereotyp, das eine Vielzahl irischer Einwanderer in den USA in den Polizeidienst ging, wobei es hierfür keine eindeutigen Belege gibt. Dem Paar, das tanzend durch die winterliche Nacht zieht, wird ein Gefühl von Zugehörigkeit geschenkt, da sie anderen mutmaßlichen irischen Migranten beim Singen eines Liedes über die „alte Heimat" zuhören können.

Die Freude und Hoffnung dieser Weihnachtserfahrung ist jedoch nicht von Dauer. Das Märchenhafte, das der Titel suggeriert, hat keinen Bestand. So wie sich die Beziehung des Paares als schwierig gestaltet, so scheint auch ihr Verhältnis zur Stadt ambivalent. In der Mitte der dritten Strophe findet sich daher eine Anspielung auf *Sailing to Byzantium*. Dieses Gedicht des irischen Schriftstellers William Butler Yeats, das sich mit der spirituellen Weiterentwicklung des Menschen im Laufe seines Lebens auseinandersetzt, öffnet mit den Worten: „This is no country for old men". In *Fairytale* heißt es in Bezug auf New York City: „But the wind goes right through you / It's no place for the old". Die Stadt, die dem Paar in der Anfangszeit Hoffnung gab, wird auch als ein Ort der Kälte wahrgenommen, an dem nicht alle Platz haben. Die bereits zitierten Worte von Yeats wurden vielfach von Künstlerinnen und Künstlern aufgegriffen. Es ist daher denkbar, dass die Pogues, die sich viel mit irischer Kultur befassen, mit dem Gedicht vertraut sind und bewusst einen Bezug dazu herstellten. Wie Jan Wiele anmerkt, ist es für ein Verständnis von *Fairytale* nicht unbedingt notwendig, sich dieser Referenz bewusst zu sein, doch sie zeigt eine Vielschichtigkeit und verweist auf die Rückbindung des Liedes an irische Literatur und Musik. Das Paar, das im Zentrum des Liedes steht, lebt in einer Stadt, von der sie in jungen Jahren dachten, dass die Erfüllung ihrer Träume dort möglich sei. Dies scheint sich jedoch als schwierig zu gestalten. Die Charaktere werden im nächsten Abschnitt genauer beleuchtet.

Charaktere

In der ersten Strophe erfährt man einiges über den männlichen Protagonisten und über den Auslöser der Erinnerungen, die in den folgenden Strophen präsentiert werden. Denn das, was den Hörerinnen und Hörern präsentiert wird, ist nicht ein einzelnes Weihnachtsfest, sondern Erinnerungsstücke aus verschiedenen Jahren. Wie eine Montage fügen sich die geschilderten Szenen zu einem Bild zusammen, in dessen Zentrum ein Mann und eine Frau – ein Paar – stehen. Bereits im ersten Vers wendet sich der männliche Erzähler direkt an die Frau und spricht sie mit dem

Beinamen „babe" an. Er schildert, wie er dazu angeregt wurde, von ihren gemeinsamen Erfahrungen zu träumen. Damit werden die Hörerinnen und Hörer von Anfang an zu Außenstehenden, die als Dritte Einblicke in verschiedene Weihnachtsfeste erlangen, die das Paar in New York City erlebte. Das Lied ist nicht an die Zuhörenden adressiert, sondern, so scheint es, an die im ersten Vers angesprochene Frau, die dialogisch in den weiteren Strophen ebenfalls zu Wort kommt. Eine weitere Lesart wäre, das gesamte Lied als einen inneren Monolog, ja vielleicht sogar als Halluzination des Ich-Erzählers zu deuten.

Beim Ich-Erzähler könnte es sich, wie bereits erwähnt, um einen irischen Einwanderer handeln, der in New York nicht so recht Fuß gefasst hat. Erfahrungen von Emigration und Einsamkeit werden im Lied immer wieder thematisiert und durch stark typisierte Darstellungen überspitzt. So löst das Hören von *The Rare Old Mountain Dew* den Gedankenstrom des männlichen Protagonisten aus. Er ist davon so bewegt, dass er sein Gesicht abwenden muss, möglicherweise um Tränen zu verstecken. Der Erzähler hört dieses Lied über irischen Trinkgenuss ausgerechnet in einer Ausnüchterungszelle, in der er Heiligabend verbringen muss. Sein Rausch könnte durch den Gewinn einer Pferdewette, bei der die Chancen 18:1 lagen, ausgelöst worden sein. Glücksspiel und Trunkenheit führen ihn zu der Hoffnung, dass das Jahr, das vor ihm und seiner Liebsten liegt, ein besseres werden könne. Denkbar ist ebenso, dass der trinkende, glücksspielende irische Emigrant ein unzuverlässiger Erzähler ist. Seine Partnerin beschreibt ihn mit sehr drastischen Worten als Nichtsnutz und er selbst gesteht zum Ende des Liedes ein, dass er ohne sie nichts zustande bringt. Möglich also, dass der Gewinn der Pferdewette imaginiert ist, da er sich in die Gedankenspielereien einer rosigeren Zukunft gut einfügt.

Neben dem Ich-Erzähler wird auch die Stadt New York stereotyp dargestellt. Die Stadt wird zunächst als groß und ein Ort der Erfüllung von Träumen wahrgenommen. Dort können, davon ist das Paar anfangs überzeugt, alle Wünsche wahr werden, so wie es der „amerikanische Traum" verspricht: „They've got cars big as bars / They've got rivers of gold [...] You promised me / Broadway was waiting for me". Ein Land des Überflusses, das ist die Illusion, der die beiden hinterherlaufen und die sie nach New York brachte. Zunächst scheinen sich diese Wünsche auch zu erfüllen, zumindest für junge, attraktive Menschen („You were handsome / You were pretty / Queen of New York City / When the band finished playing / They howled out for more"). Es ist eine Stadt, in der idyllische und unbeschwerte Winter- und Weihnachtsszenerien möglich zu sein schienen: „We kissed on a corner / Then danced through the night [...] / And the bells were ringing out / For christmas day". Hier könnte das Lied enden und die Zuhörenden in einer melancholischen Stimmung zurücklassen. Hoffnungen rund um den amerikanischen Traum wurden deutlich gemacht, die Glocken haben geläutet, nun beginnen die Weihnachtstage. Doch das Lied geht weiter und wird drastischer.

Die letzten zwei Verse, gesungen aus der Perspektive des Mannes, lauten: „Can't make it all alone / I've built my dreams around you". Endet das Lied mit einem versöhnlichen, vielleicht sogar hoffnungsvollen Ausblick, der zeigt, dass der Erzähler sein Leben mit der Geliebten verwoben hat oder handelt es sich um einen Rückblick auf vergangene Jahre, in denen er durch ihre Hilfe an seinen Träumen arbeiten konnte? Drastischer ausgedrückt: Wird hier ein Abhängigkeitsverhältnis und die verzweifelte Bitte nach Unterstützung dargestellt und damit die mangelnde Eigenständigkeit des Protagonisten oder wird einer vermeintlich romantischen Vorstellung Vorschub geleistet, in der die Träume des einen Partners sich mit den Träumen der anderen zu einem gemeinsamen Werk verbinden? Wie ernst ist die Aussage des Protagonisten zu nehmen? Seine etwaige Unzuverlässigkeit als Erzähler wurde bereits angesprochen, warum sollte es in der letzten Strophe anders sein? Shane MacGowan betont, es handle sich um ein offenes Ende. Die Zuhörenden können sich selbst ein Bild machen.

Kennzeichnend für die Strophen drei bis sieben ist der Duett-Charakter. Das Paar spielt sich in kurzen, teils sehr drastischen Aussagen die Bälle zu. Es entsteht der Eindruck eines dynamischen Paares, das gemeinsam viel erlebt hat und mittlerweile nicht mehr gut aufeinander zu sprechen ist. Möglicherweise spielt die Unzufriedenheit mit der jeweils individuellen Situation eine Rolle. Beispielsweise blieb der Erfolg am Broadway, den sich die Frau erhoffte, und den der Mann ihr versprach, aus. Desillusioniert beschimpfen sie sich, so deutlich, dass ausgewählte Stellen in der vorletzten Strophe häufig nur zensiert gespielt werden. Shane MacGowan geht als Verfasser des Liedes so weit zu sagen, dass die

Charaktere, die er erschaffen hat, unsympathisch sind und es daher nur folgerichtig ist, dass sie beleidigend werden. Jedoch soll sich niemand durch das Lied angegriffen fühlen. Die Derbheit der beiden Charaktere dient der Geschichte, die in *Fairytale* erzählt wird. Man könnte sagen, es handelt sich um Anti-Helden, die einen Einblick in ihr raues Seelenleben geben und denen man dennoch ein glückliches Ende wünscht. So sehr das Paar schimpft, man hofft doch, dass sie ein weiteres Mal durch die weihnachtliche Stadt tanzen werden. Ob ihnen dies vergönnt ist, lässt das Lied offen. So bewegt sich das Lied zwischen Hoffnung und Verlust, zwischen Erinnerungen und einem vagen Blick in das neue Jahr und die Zukunft.

Ein nicht so weihnachtliches Weihnachtslied – Abschließende Gedanken

Ist das überhaupt ein Weihnachtslied, mag man sich nach einigen in diesem Aufsatz ausgeführten Aspekten fragen. Auf jeden Fall ist *Fairytale* kein Anti-Weihnachtslied, in dem Weihnachten schlecht gemacht oder abgelehnt wird. Dies wird schon am Titel deutlich, der sich von Titeln wie *I won't be home for Christmas* (Blink182), *Santa is an Asshole* (Erin McKeown) oder *Kidnap the Sandy Claws* (Danny Elfman) abgrenzt. Es ist jedoch auch kein „typisches" Weihnachtslied, in dem Schlitten gefahren und fröhlich um den Baum getanzt wird. Und doch kommt beim Hören immer wieder eine festliche Stimmung auf. Woran liegt das? Jan Wiele beispielsweise stellt die rhetorische Frage, was weihnachtlicher wäre, als ein Einwandererpaar, das versucht Fuß zu fassen. Das Paar, dessen Scheitern immer wieder angedeutet wird, wirkt beinahe hilfsbedürftig. Doch fast noch bedeutsamer ist der Wunsch nach einem Weihnachten im „klassischen" Sinne, der aus dem Lied herauszuhören ist. Die Beiden scheinen sich nach einer Idylle zu sehnen, die im Kontrast zu den meisten ihrer Weihnachtserlebnisse steht. Die Schlittenfahrten und Tänze um den Baum, die in *Fairytale* nicht vorkommen, verweisen durch ihr Fehlen auf das zentrale Sehnen der Hauptcharaktere.

Ein gänzlich anderer, von den Pogues möglicherweise nicht beabsichtigter Effekt ist der Folgende: Die Darstellungen von Desillusionierung, Einsamkeit und Streit können eine Entlastung für die

Hörerinnen und Hörer bieten. Denn „das Fest der Liebe" ist für viele Menschen herausfordernd. Streit in der Familie oder das Gefühl des Alleinseins werden in dieser Zeit des Jahres besonders deutlich wahrgenommen. Durch die nachvollziehbaren und gleichzeitig drastischen Bilder, reduziert *Fairytale* ein Stück weit den Anspruch, der mitunter an Weihnachten gestellt wird. Vielleicht wächst beim Hören des Liedes auch die Vorfreude auf das Fest, weil man merkt, dass es bei Weihnachten nicht um eine perfekte Inszenierung geht. Das offene Ende gibt Raum für Spekulationen. Vielleicht erfüllt sich für die Charaktere des Liedes doch noch eines Tages das Märchen von Weihnachten in New York, das der Titel verspricht. Der bittersüße Charme von *Fairytale of New York* liegt auch darin begründet, dass wir nicht wissen, was kommt, und doch stets hoffen, auf Gemeinschaft und auf Weihnachten.

Literatur

Anderson, Benedict. Imagined Communities. Reflections on the Origin and Spread of Nationalism, London 1983.

Carroll, Jim. Why the Song of the Emigrant still strikes a Chord today, in: irishtimes.com, 26.11.2016.

Hobsbawm, Eric und Terence Ranger. The Invention of Tradition, Cambridge 1983.

Kelly, Aoife. ‚Not all characters in songs and stories are angels' – Shane MacGowan responds to Fairytale Controversy, in: independent.ie, 07.12.2018.

Kenny, Kevin. Diaspora. A very short introduction, Oxford 2013.

Keohane, Kieran. Unifying the Fragmented Imaginary of the Young Immigrant: Making a Home in the Post Modern with the Pogues, in: The Irish Review 9 (1990), 71–79.

Lynksey, Dorian. Fairytale of New York: The Story behind the Pogues' classic Christmas Anthem, in: The Guardian, 06.12.2012.

MacGowan, Shane. My Family Values, in: The Guardian, 20.12.2013.

Smyth, Gerry. The Isle is Full of Noises: Music in Contemporary Ireland, in: Irish Studies Review, Vol. 12 (1), 3–10, 2004.

Vekić, Saša. ‚In between worlds'. The intricate Articulation of Irishness in the Pogues' Music, in: Kennedy, Victor und Michelle Gadpaille (Hg.): Ethnic and Cultural Identity in Music and Song Lyrics, Cambridge 2017, 42–63.

Wiele, Jan. Nächstes Jahr wird alles besser, in: Frankfurter Allgemeine Zeitung, 23.12.2021.

Yeats, William Butler. Sailing to Byzantium, in: The Poems of W. B. Yeats: A New Edition, Hg. Richard J. Finneran, Dublin 1984.

Galway Bay – Bing Crosby:
https://music.youtube.com/watch?v=gt7NdiFeYJA

 Traditional The Rare Old Mountain Dew:
https://music.youtube.com/watch?v=RtwyZqTvrGo

Fairytale of New York – The Pogues:
https://music.youtube.com/watch?v=j9jbdgZidu8

Weihnachten hat eine Bedeutung über das Christentum hinaus

Einige Anmerkungen zur interreligiös-diskursiven Kontextualisierung des ersten christlich-muslimischen Weihnachtsliedes aus dem Jahr 2018

Christian Lange

Am 21. Dezember 2022 hat der evangelisch-lutherische Theologe und emeritierte Hochschullehrer für Diakoniewissenschaft Hans-Jürgen Benedict in einem Beitrag über die Deutung der Geburtsgeschichte Jesu im Koran in dem digitalen theologischen Feuilleton feinschwarz.net beschrieben, wie er „erstaunt" über eine „jesusfreundliche Botschaft" im Schaukasten der Imam Ali-Moschee an der Hamburger Außenalster aus der Feder des leitenden Geistlichen des Gebetshauses gewesen sei, in welcher dieser „uns Christen zur Geburt des Propheten Jesu" gratuliert und zugleich versichert habe, „dass die Muslime diesen Gesandten Gottes hoch verehrten."[1] Er, der christliche Theologe, habe sich nämlich gefragt, ob Muslima und Muslime „in den ausgestellten [christlichen] Krippen mit Maria und dem Jesuskind, mit Josef, den Hirten, mit den Frieden verkündenden Engeln, auch Teile ihrer eigenen, sozusagen weihnachtlichen Tradition, erkennen" könnten? Denn die gebe es im Koran. Schließlich werde ʿĪsâ, der im Koran an 16 Stellen ʿĪsâ ibn Maryam, also Jesus „der Sohn Marias", genannt wird,[2] in 15 Suren erwähnt. Rund 120 Verse bezögen sich auf ihn.[3]

Auch wenn dieses Beispiel aus Hamburg darauf hinweist, dass die Erzählung von der Geburt Jesu in Bethlehem im Islam ebenfalls eine besondere Bedeutung hat, hat im Dezember 2018 sowohl in Pakistan als auch weltweit ein Lied Aufsehen erregt, welches die Christin Michelle Sebastian und der Muslim Haider Ali Chao in der Stadt Karatschi gemeinsam gesungen haben. Auf dem Internetnachrichtenportal katholisch.de hat es der Journalist Felix Neumann „das erste muslimisch-christliche Weihnachtslied" genannt.[4]

Denn auch wenn der Text „nicht auf Weihnachten ein[gehe]", höre man „gleich bei den ersten Tönen", dass es sich um ein Weihnachtslied handle: Es seien „ein paar Klänge aus dem englischen Klassiker ‚Deck the halls'" sowie „ein wenig Jingle Bells" zu vernehmen. „Nur kurz" sei einmal „im Hintergrund" des Videos „ein großes Kreuz" zu erkennen, „ein Weihnachtsbaumornament wünsch[e] golden-funkelnd ‚Merry Christmas'". Wenn „der Sänger durch die Straßen" laufe, sei im Hintergrund die St. Patrick's Cathedral zu sehen, die „Bischofskirche des [katholischen] Erzbistums Karatschi" – der Stadt also, aus der sich die beiden Darbietenden kennen. Dafür aber „glitz[ere]" das Video „mit goldenen Glöckchen und Sternen". Es gebe „leuchtende Christbäume und Weihnachtsmannmützen;" und die Melodie „kling[e] nach weihnachtlichem Pop." Mit dem Lied hätten Sängerin und Sänger, so werden sie in dem Beitrag zitiert, zeigen wollen, „dass Angehörige unterschiedlicher Religionen gut miteinander leben können." Keine Religion lehre Hass; und sowohl die Bibel als auch der Koran lehrten, „tugendhaft zu sein, einander zu lieben und keiner Seele etwas zuleide zu tun." Dies sei die Botschaft, welche der muslimische Sänger und seine christliche Duettpartnerin gemeinsam vermitteln wollten.

Die Weihnachtsbotschaft an der Hamburger Moschee und das erste muslimisch-christliche Weihnachtslied stellen zwei jüngere Belege für die schon länger gemachte Beobachtung dar, dass die Geburt Jesu eine Bedeutung über das Christentum hinaus hat. Bereits in der formativen Phase der drei Religionen Christentum, Judentum und Islam in der (Spät-)Antike, also grob im Zeitraum vom 3. bis zum 7. Jahrhundert, haben sich Menschen mit divergierenden religiösen Anschauungen diskursiv mit der Frage auseinandergesetzt, ob Gott überhaupt Mensch werden könne, und, wenn ja, wie? Es ist vor einem solchen Hintergrund das Ziel dieses Beitrages, das Weihnachtslied von Haider Ali Chao und Michelle Sebastian interreligiös zu kontextualisieren, damit auf diese Weise sichtbar wird, wie die bereits in den neutestamentlichen Schriften zum Ausdruck gebrachte christliche Glaubensüberzeugung, dass der eine Gott, der Schöpfer des Alls, in Jesus von Nazaret Mensch geworden sei (Joh 1,14), eine interreligiös-diskursive Bedeutung gehabt hat und weiter hat. Mit Blick auf die Spätantike trifft diese Feststellung sowohl auf das Judentum als auch den Islam zu.

Was das Judentum angeht, so wurde früher häufig die Auffassung vertreten, dass das Christentum als „Tochterreligion" aus der „Mutterreligion" des Judentums hervorgegangen sei. Jüngere Arbeiten, wie etwa diejenigen des Judaisten Peter Schäfer, haben aber anschaulich gemacht, dass es sich bei den „Partings of the Ways" um einen längeren wechselseitigen Prozess handelte, in dem sich beide, das sich als rabbinisch neu definierende Juden- und das entstehende großkirchliche patristische Christentum, auf das gemeinsame Erbe der Überlieferungen und Traditionen des Israel aus der Zeit des Zweiten Tempels (vor 70 n. Chr.) bezogen.[5] Die Frage, ob Jesus von Nazaret der von Gott verheißene „Gesalbte", der „Messias" oder „Christos", sein könne, der von einer Jungfrau geboren worden sei, war dabei offenbar ein Gegenstand des Diskurses. So berichtet vermutlich in der ersten Hälfte des 3. Jahrhunderts in Alexandria der christliche Gelehrte Origenes (†253/254) in seiner Antwort auf Anfragen des paganen Philosophen Celsus, dass die Ankündigung aus Jes 7,14, „die (Jung-)Frau [werde] ein Kind empfangen", von jüdischen wie christlichen Schriftkundigen unterschiedlich gedeutet worden sei. Während nämlich jüdische Gelehrte, vom hebräischen Wortlaut (*'lmāh*) ausgehend, die christliche Auslegung einer jungfräulichen Geburt abgelehnt hätten, ist es des Origenes Ansinnen, zu verdeutlichen, dass die Übersetzer der hebräischen Schriften in das Griechische bewusst die Bezeichnung „Jungfrau" *(parthenos)* für die Mutter des Immanuel gewählt hätten, wie sie dies auch an anderen Stellen, etwa in Dtn 22,23–26 getan hätten, wo es um die Bestrafung der Entjungferung einer unverheirateten Frau durch einen anderen Mann als ihren Verlobten gehe.[6] Daraus zieht der christliche Gelehrte den Schluss, dass Jesus wirklich von einer Jungfrau – und nicht nur einem jungen, unverheirateten Mädchen – geboren worden sei. Aus dieser Argumentation des alexandrinischen Exegeten wird der Prozess der Abgrenzung zur Stärkung der eigenen religiösen Identifizierung zwischen den beiden religiösen Richtungen erkennbar, der sich auf die Frage nach der normativen Autorität der als heilig anerkannten Schriften bezog. Während der jüdische Diskussionspartner des Christen offenbar nur den hebräischen Ausdruck akzeptiert, spricht jener deren griechischer Übersetzung, der Septuaginta, eine normative Kraft zu – und zieht daraus Schlussfolgerungen für die jungfräuliche Empfängnis der Maria.

Im 2. Jahrhundert machen zwei weitere christliche Texte deutlich, dass die christliche Deutung der Geburt Jesu neben der Frage nach Wortlaut und Autorität der Schrift(en) auch theologisch-inhaltlich ein Gegenstand des Diskurses gewesen ist. Auf der einen Seite dokumentiert in Nordafrika der lateinisch schreibende christliche Autor Tertullianus († nach 220), dass von jüdischer Seite behauptet worden sei, Jesus sei das Ergebnis eines Ehebruchs der Maria, indem er sich klar zu Jesus, „de[m] Sohn des Zimmermanns und der Ehebrecherin" bekennt.[7] In Alexandria ist es auf der anderen Seite wiederum der griechisch-sprachige Origenes, der um den Vorwurf weiß, Jesus habe „die Geburt aus einer Jungfrau erfunden." Maria, „ein[e] arm[e] Spinnarbeiterin", sei nämlich von ihrem Mann, „der von Beruf her ein Zimmermann war, als Ehebrecherin überführt [und] verstoßen" worden. Sie habe daraufhin, „ehrlos umherziehend", ihr Kind Jesus „heimlich geboren." Ihr Sohn habe sich dann als Tagelöhner in Ägypten verdungen und dort die magischen Kräfte erlernt, „derer sich die Ägypter rühmen". Voller Stolz auf seine Kenntnisse sei er nach Israel zurückgekehrt und habe sich „ihretwegen öffentlich als Gott" ausgegeben.[8] Diese Anmerkungen aus der patristischen Literatur weisen eine Übereinstimmung mit neutestamentlichen Aussagen wie Joh 6,41–42 auf, in denen der Autor des Evangeliums die Juden *(hoi ioudaioi)* fragen lässt, ob dies nicht Jesus sei, „der Sohn Josefs", dessen Vater und Mutter sie kennten. Wie könne dieser nur behaupten, er sei vom Himmel herabgekommen? Oder mit Joh 8,41, wo die Juden Jesus entgegnen, sie entstammten nicht einem Ehebruch, sondern hätten nur einen Vater – nämlich Gott im Himmel.

Es sind aber nicht nur christliche Texte, die einen Diskurs zwischen der jüdisch-rabbinischen und der christlich-patristischen Literatur wiedergeben, sondern auch jüdische Werke. So verweist Peter Schäfer auf eine – allerdings nicht in allen Handschriften enthaltene – Notiz im Babylonischen Talmud, dessen Endredaktion auf das Ende des 6. bzw. den Anfang des 7. Jahrhunderts zurückgehe, in welcher gleichermaßen ausgesagt werde, dass Maria „ihrem Mann untreu gewesen" sei.[9] Darüber hinaus bringe die jüdische Schrift, ebenso wie der von Celsus als Zeuge gegen das Christentum angerufene Jude, Jesus in eine Verbindung mit der ägyptischen Kunst der Magie, da der Babylonische Talmud Jesus als „Sohn des Stada" bezeichne, den er näher kennzeichnet als denjenigen, welcher „die Kunst der Zauberei von Ägypten nach Israel gebracht" habe.[10] Der frühere Leiter des Jüdischen Museums in Berlin und sowohl in Köln als auch in Berlin und Princeton lehrende Wissenschaftler verortet daher die jüdische Ablehnung der christlichen Vorstellung von einer jungfräulichen Geburt Jesu in den Kontext des Babylonischen Judentums, in dem beide, das Juden- wie das Christentum, sowohl unter den zoroastrischen persischen Schahs als auch später unter den muslimischen Kalifen Minderheitenreligionen waren, jüdische Kritik an christlichen Glaubensinhalten also eher möglich war, als im Imperium Romanum, dessen Kaiser seit dem 4. Jahrhundert das Christentum förderten und andere religiöse Strömungen wie das Judentum zurückdrängten.

Insofern entsteht der Eindruck, dass der Diskurs zwischen den Aussagen in Bezug auf die jungfräuliche Geburt Jesu in den (spät-) antiken jüdisch-rabbinischen und christlich-patristischen Schriften eher von Abgrenzung als von Übereinstimmung geprägt gewesen ist. Für die eigene religiöse Identität des sich nach der Zerstörung des Tempels in Jerusalem im Jahr 70 n. Chr. als rabbinisch neu formierenden Judentums scheint es nach den besprochenen Quellen von Bedeutung gewesen zu sein, dass die Geburt Jesu nicht von einer Jungfrau, wie es die christliche Überlieferung will, sondern – im Sinne des in der Biblia Hebraica kanonisierten hebräischen Textes – einer jungen Frau, einer 'lmāh, erfolgt ist. Daher gibt es auch eine Reihe von negativ konnotierten Aussagen in Bezug auf Maria, die sowohl in christlichen Quellen als auch im Babylonischen Talmud von jüdischer Seite als Ehebrecherin angesehen wird. Jesu Wunder werden von jüdischer Seite als magische Zauberstücke eingestuft, welche dieser in Ägypten, dem in der jüdischen Überlieferung bekannten Heimatland der Magie, kennengelernt und nach Israel mitgebracht haben soll. Hinter dieser Interpretation der Überlieferungen über die Geburt Jesu dürfte die eigene (jüdische) Glaubensüberzeugung stehen, dass der von Gott verheißene „Gesalbte", der Messias, noch nicht gekommen sei – während Christinnen und Christen in dieser Frage einen anderen Weg eingeschlagen hätten.

Ist die jüdisch-rabbinische Exegese der Überlieferung über Jesu jungfräuliche Geburt insofern eher von Zurückhaltung und Differenzierung geprägt, so verhält es sich im Koran anders. In der mekkanischen Sure 19 wird überliefert, wie sich Maria „an einen Ort im Osten" *(makânan šarqîyan)* zurückgezogen und mit einem Schleier *(hiğāb)* vor ihren Angehörigen verborgen habe (19,16–17).[11] Dort sei ihr „Gottes Geist" *(rûhanâ)* in Menschengestalt begegnet (19,17), der ihr verkündet habe, dass Gott ihr einen lauteren *(zakî)* Knaben schenken werde (19,19). Auf Maryams/Marias Rückfrage, wie dies geschehen könne, da sie „ein Mensch niemals berühr[t]" habe und sie auch keine Dirne sei (19,20), habe ihr der Gesprächspartner den Spruch Gottes verkündet, nach welchem Gott eine solche jungfräuliche Geburt (wörtlich: „dieses") „ein Leichtes" sei, sodass ihr Sohn zu einem „Zeichen [...] für die Menschen" werden könne (19,20). Für die Erlanger Islamwissenschaftlerin Catharina Rachik geht aus dieser Überlieferung hervor, dass „Maria Jesus durch das Einhauchen eines göttlichen Geistes empfangen habe", wie aus Sure 66,12 erkennbar werde, wo Maryam/Maria als Tochter des Imran bezeichnet werde, welche „ihre Scham hütete", sodass Gott „von seinem Geist in sie" hineingeblasen habe.[12] Das aber heißt: Auch der Koran deute die Geburt Jesu als jungfräulich, da er ebenso, wie die christliche Tradition, unterstreicht, dass Maria ihren Sohn unberührt von einem Mann zur Welt gebracht habe. Ist es im Lukasevangelium die „Kraft des Höchsten" *(dynamis hypsistou)*, die Maria überkommt (Lk 1,35), so ist es im Koran Gott, der „von seinem Geist" in Maria hineinblase *(fa-nafaḥnā fīhi min Rufina)*.

Eine weitere Nähe zur christlichen apokryphen Literatur erkennt Catharina Rachik in der koranischen Ortsangabe, dass sich Maria vor der Geburt ihres Kindes „an einen Ort im Osten" *(makânan šarqîyan)* zurückgezogen habe (19,16–17); denn in der traditionellen Koranauslegung wurde dieser „Ort im Osten" als eine „im Jerusalemer Tempel gelegene Kammer" gedeutet.[13] In dieser Lokalisation ergeben sich zwei Parallelen zum christlich-apokryphen Protoevangelium des Jakobus *(Protoevangelium Iacobi)*, das vielleicht um das Jahr 160 herum entstanden ist. In diesem wächst Maria aufgrund eines Gelöbnisses ihrer Eltern im Tempel auf, bis sie 12 Jahre alt ist.[14] Nachdem sie dann Josef übergeben worden war (9,2–3), kam sie erneut in den Tempel, als die Priester einen neuen Vorhang für das Gotteshaus *(katapetasma)* anfertigen lassen wollten (10,1). Dort begegnet ihr ein Engel, als sie Wasser schöpft (11,1), und eröffnet ihr, dass sie „durch sein [sc. des Herrschers aller] Wort" *(synlēpsē ek Logou autou)* empfangen werde (11,2), da sie „die Kraft Gottes [...] überschatten werde" (11,3). Wie im Koran, findet die Begegnung der Maria mit dem Engel demnach im jüdischen Heiligtum in Jerusalem statt; und ebenfalls wie im Koran wird Maria in der christlich-apokryphen Schrift in einen Zusammenhang mit einem Vorhang gebracht.

In Bezug auf die Geburt Jesu kennt der Koran darüber hinaus noch zwei weitere Erzählmotive, welche eine Parallele in der christlich-apokryphen Literatur haben – zum einen im so genannten „Pseudo-Matthäus-Evangelium" *(Liber de Ortu Beatae Mariae et Infantia Salvatoris)*, das auf das 7. Jahrhundert datiert wird.[15] In Sure 19,22–26 wird in dieser Schrift nämlich beschrieben, wie die Wehen Maria „zum Stamm einer Dattelpalme" kommen lassen, wo Maryam/Maria klagt: „Ach wäre ich zuvor doch schon gestorben und ganz und gar vergessen" (19,23). Daraufhin sei ihr „von unten" zugerufen worden: „Bekümmere dich nicht!", weil der Herr „unter dir ein Wasser" habe fließen lassen (19,24). Sie solle nur am Stamm der Dattel rütteln (19,25). Daraufhin werde diese „frische Früchte" auf sie fallen lassen (19,25). Das Pseudo-Matthäusevangelium verortet dieses Narrativ auf die Flucht der Heiligen Familie nach Ägypten, auf welcher Maria unter einer Palme ausruhen will und sich wünscht, sie könne von den Früchten des Baumes essen (Kap. 20,1).[16] Als es dieses Ansinnen seiner Mutter gehört habe, habe das Jesuskind die Palme angewiesen: „Neige dich, Baum, und erfrische meine Mutter mit deinen Früchten!" (20,2); und sogleich habe die „Palme ihre Krone bis zu den Füßen Marias" geneigt, sodass die Dürstende ihre Früchte aufsammeln konnte, „an denen sich alle gütlich taten" (20,2). In der Forschung wird die Herkunft des Narrativs von der sich verbeugenden Palme unterschiedlich diskutiert. Auf der einen Seite hat Suleiman Mourad die These geäußert, bei der Überlieferung handle es sich um eine Anleihe aus dem griechisch-paganen Apollo-Mythos, da dessen Mutter Leto ebenfalls unter einer Palme Erholung finde.[17] Dieses Narrativ habe als Vorlage für die beiden erwähnten schriftlichen Überlieferungen im Koran sowie das christliche apokryphe Evangelium gedient, da christlich beeinflusste Araber das Motiv gekannt und tradiert hätten. Demgegenüber vertritt Gerhard Schneider die Meinung, hinter der Erzählung von der Palme stehe das jüdisch-christliche „Motiv vom (paradiesischen) Lebensbaum. Der Autor der apokryphen Schrift wolle aufzeigen, dass Jesus der Herr über

„Tiere und Pflanzen" sei.[18] Daher sei das Narrativ von der sich beugenden Palme in einem Zusammenhang mit den sich vor Jesus verbeugenden Götterbildern in Kap. 23 der Schrift zu sehen, wo es heiße: „Als die selige Maria mit ihrem Kindlein den Tempel betreten hatte, geschah es, dass sämtliche Götterbilder zur Erde stürzten, so dass sie alle gänzlich umgestürzt und zerbrochen auf ihrem Angesicht lagen" (23). Der Koran habe diesen Gedanken dann „in abgewandelter Form" aufgegriffen. Martin Bauschke schließlich hat darauf aufmerksam gemacht, dass es trotz der Gemeinsamkeit einen wichtigen Unterschied zwischen der christlich-apokryphen und der koranischen Interpretation des Narrativs gebe: Während das Wunder in der christlich-apokryphen Schrift vom Jesuskind vollbracht werde, ist es im Koran Gott, der das Wasser hervortreten lässt, nach dem Maryam/Maria verlangt.[19] Von interreligiösem Interesse dürfte sein, dass Georg Röwekamp in seinem Führer zur Geburtskirche in Bethlehem aus dem Jahr 2020 darauf hinweist, dass im 10. Jahrhundert der muslimische Geograph al-Muqaddasi (†961) berichte, die Muslime verehrten „in der Grotte Reste einer Palme [...], die schon im Pseudo-Matthäusevangelium erwähnt [werde] und unter der – dem Koran zufolge – Maria Jesus geboren haben soll[e]" (Sure 19:22–26).[20]

Zum anderen hebt der Koran in Sure 19,27–32 hervor, dass Maryam/Maria zunächst von ihren Angehörigen Vorhaltungen gemacht worden seien, da sie durch die Geburt des Kindes „etwas Unerhörtes getan" habe (19,27) – wofür sie nach jüdischem Recht hätte gesteinigt werden müssen (Lev 20,10). Gerettet wird Jesu Mutter aber durch ihren Sohn, der spricht: „Siehe, ich bin der Knecht Gottes!" (19,30) Dieser, d.h. Gott, habe ihm, Jesus, „das Buch" gegeben und ihn „zum Propheten" gemacht (19,30). Daher sollten die Menschen Jesu Mutter „Ehrerbietung" erweisen (19,32). Hinsichtlich des Erzählmotivs, nach welchem das gerade geborene Kind der Maria sprechen kann, ist es in diesem Fall das apokryphe *Evangelium Infantiae Salvatoris arabicum*, das arabische Kindheitsevangelium, in dessen Einleitung das Jesuskind, wie im Koran, spricht und bekräftigt: „Ich bin Jesus, Sohn Gottes, das Wort, das du geboren hast, so wie es dir der Engel Gabriel verkündet hatte; und mein Vater sandte mich zum Heil der Welt."[21]

Aus diesen auffallenden Übereinstimmungen mit Schriften aus der christlich-apokryphen Literatur wird deutlich, dass auch der

Koran – wie die christliche Literatur und in Unterscheidung zu jüdisch-rabbinischen Schriften – die Geburt Jesu als jungfräulich ansieht. Im Koran wird Maryam/Maria ʿĪsâ/Jesus von Gottes Geist eingehaucht. Ihr Kind verteidigt seine Mutter gegenüber Vorhaltungen von Seiten ihrer Verwandten, welche Maryam/Maria eine außereheliche Empfängnis unterstellen. „In seinem Dasein ist Jesus somit ein göttliches Wunder," merkt Catherina Rachik an. „Solch ein Wunder verm[öge] kein Mensch zu vollbringen." Dies „sei allein Gott vorbehalten."[22] Es verwundert daher nicht, dass Georg Röwekamp in dem bereits erwähnten Führer zur Geburtskirche in Bethlehem darlegt, dass in frühislamischer Zeit Gläubige aus Christentum wie Islam die im 4. Jahrhundert über der Höhle/Grotte errichtete und im 6. Jahrhundert erweiterte Kirche besucht hätten,[23] in welcher Jesus nach frühchristlicher Überlieferung geboren worden sei.[24] Bei der gemeinsamen Hervorhebung der außergewöhnlichen Geburt Jesu bleibt zwischen Christentum und Islam allerdings freilich ein grundlegender Unterschied bestehen: Während für Christinnen und Christen in Bethlehem der Fleisch und Mensch gewordene Logos Gottes geboren worden ist (Joh 1,14), ist Jesus/ʿĪsâ ibn Maryam für den Koran ein „Knecht" und ein „Prophet Gottes" (19,30), da es Gott nicht anstehe, „einen Sohn anzunehmen" (19,35). Gott sei schließlich „ein Einziger, Gott ganz und gar. Er hat nicht gezeugt, und er ist nicht gezeugt worden. Und keiner kann sich mit ihm vergleichen!" (112,1–4).[25] Es entspricht daher einer solchen Einschätzung der außergewöhnlichen Geburt des Menschen Jesus, wenn der Leitende Geistliche der Imam-Ali-Moschee in Hamburg den Christinnen und Christen herzlich zur Geburt des Propheten Jesus gratuliert und versichert hat, dass dieser im Islam hohe Wertschätzung genieße – wenn auch nicht als Mensch gewordener Sohn Gottes, sondern als Prophet und dessen Diener.

Es scheint insofern Ausdruck der besonderen Wertschätzung für Jesus und seine Geburt in den beiden Religionen zu sein, wenn die Christin Michelle Sebastian und der Muslim Haider Ali Chao im Jahr 2018 in Pakistan das erste muslimisch-christliche Weihnachtslied gemeinsam dargeboten haben. Denn wenn alle Menschen an den einen Gott glaubten („When we believe in one God"), die in der einen Welt zusammenlebten, dann glaubten sie an Frieden und Nächstenliebe („We believe in peace and love"), an die Menschheit überhaupt („We believe in humanity") – heißt es im Refrain des Liedes. Ilahi – „mein Gott", ruft der Muslim daher am Ende des Songs aus; und die Christin ergänzt: „Halleluja" – „Lobpreis sei Gott."

First Muslim Christian Christmas Song –
Haider Ali Chao & Michelle Sebastain:
https://www.youtube.com/watch?v=WaXG5K-yqNc

Anmerkungen

[1] https://www.feinschwarz.net/geburtsgeschichte-jesu-im-koran/ [aufgerufen am 11. Mai 2023].

[2] Bauschke, Martin: Jesus im Koran, Köln et al 2001, 10.

[3] https://www.feinschwarz.net/geburtsgeschichte-jesu-im-koran/ [aufgerufen am 11. Mai 2023].

[4] https://www.katholisch.de/artikel/20135-das-ist-das-erste-muslimisch-christliche-weihnachtslied [aufgerufen am 11. Mai 2023].

[5] Schäfer, Peter: Anziehung und Abstoßung. Juden und Christen in den ersten Jahrhunderten ihrer Begegnung, Tübingen 2015, 13.

[6] Origenes Alexandrinus, Contra Celsum, hg. v. Michael Fiedrowicz, FC 50, I 34.

[7] Tertullianus Carthagiensis, De Spectaculis, hg. v. E. Dekkers, CChr.SL 1, 30,6.

[8] Origenes Alexandrinus, Contra Celsus, hg. v. Michael Fiedrowicz, FC 50, I, 28.

[9] Schäfer, Peter: Jüdische Polemik gegen Jesus und das Christentum, München 2016, 18.

[10] Schäfer, Peter: Jüdische Polemik gegen Jesus und das Christentum, München 2016, 17.

[11] Die Stellen im Koran werden zitiert nach der deutschen Übersetzung von Hartmut Bobzin (Bobzin, Hartmut, Der Koran, München ³2019).

[12] Rachik, Catharina: Die Geburt Jesu im Koran, in: https://www.islamiq.de/2018/12/24/die-geburt-jesu-im-koran/ [aufgerufen am 12. Mai 2023]. Vgl. auch Bauschke, Martin, Jesus im Koran, Köln et alii, 17.

[13] Bauschke, Martin: Jesus im Koran, Köln et alii 2001, 13–14.

[14] Protoevangelium Iacobi, in: Apokryphe Kindheitsevangelien, hg. v. Gerhard Schneider, FC 18, Kapitel 8,1 (110/111).

[15] Evangelium secundum Matthaeum, hg. v. Oscar Cullmann, in: Neutestamentliche Apokryphen in deutscher Übersetzung, hg. v. Wilhelm Schneemelcher, Tübingen 1990, 330–372

[16] Liber de Ortu Beatae Mariae et Infantia Salvatoris, in: Apokryphe Kindheitsevangelien, hg. v. Gerhard Schneider, FC 18, Kapitel 20,1 (236/237).

[17] Mourad, Suleiman: Die kooperative Palme, in: Oriens christianus 86 (2002), 206–216.

[18] Liber de Ortu Beatae Mariae et Infantia Salvatoris, in: Apokryphe Kindheitsevangelien, hg. v. Gerhard Schneider, FC 18, Anm. 52 (237).

[19] Bauschke Martin: Jesus im Koran, Köln et alii 2001, 25.

[20] Röwekamp, Georg: Die Geburtskirche in Bethlehem, Lindenberg 2000, 14.

[21] Evangelium Infantiae arabicum, hg. v. Maria Josua/Friedmann Eißler, in: Antike christliche Apokryphen in deutscher Übersetzung, hg. v. Christoph Markschies/Jens Schröter, Tübingen [7]2012, Initium, (965).

[22] Rachik, Catharina: Die Geburt Jesu im Koran, in: https://www.islamiq. de/2018/12/24/die-geburt-jesu-im-koran/ [aufgerufen am 12. Mai 2023].

[23] Röwekamp, Georg: Die Geburtskirche in Bethlehem, Lindenberg 2020, 12–13.

[24] Von einer Höhle, in der Jesus geboren worden sei *(en stēlaiō)*, berichtet bereits Justinus Martyr (†165) in seiner Schrift *Dialogus cum Tryphone*, hg. v. Miroslav Marcovich, PTS 47, Kap. 78,6. In dem gleichen Jahrhundert lokalisiert das *Protoevangelium Iacobi* die Geburt Jesu in einer Höhle *(stēlaion)* (Protoevangelium Iacobi, in: Apokryphe Kindheitsevangelien, hg. v. Gerhard Schneider, FC 18, Kap. 18,1). In seiner Schrift *Contra Celsum* weiß Origenes von Alexandria (†253/254) im 3. Jahrhundert, dass die Ortskundigen in Bethlehem die Höhle zeigten, in welcher sich die Krippe befunden habe, in der Jesus als gerade geborenes Kind gelegen habe. Dieser Ort sei auch denjenigen bekannt, „die dem Glauben fernstehen" (Origenes Alexandrinus, Contra Celsum, hg. v. Michael Fiedrowicz, FC 50, I 51). Georg Röwekamp vermutet, dass unter Kaiser Decius (249–251) an dem Ort bewusst ein Hain zur Verehrung des Adonis angelegt worden sei, weshalb „Christen und Heiden [eventuell] gemeinsam den heiligen Ort verehrt" hätten (Röwekamp, Georg, Die Geburtskirche in Bethlehem, Lindenberg 2020, 8). Auf Initiative von Helena, der Mutter des Kaiser Constantinus (†337), sei dann im 4. Jahrhundert über der Grotte ein erster Kirchenbau errichtet worden (8–9).

[25] Bauschke, Martin: Jesus im Koran, Köln et alii 2001, 125–129.

„Fire's glow, mistletoe and stealing kisses"

Disneys Christmas Songs – mehr als nur Kitsch?

Anna Karger-Kroll

When you wish upon a star
Makes no difference who you are
Anything your heart desires
Will come to you
If your heart is in your dream
No request is too extreme
When you wish upon a star
As dreamers do
Like a bolt out of the blue
Fate steps in and sees you through
When you wish upon a star
Your dreams come true

Mit seiner relativ einfachen Melodie erinnert der Text dieses Liedes an den Brauch, sich etwas zu wünschen, wenn nachts am Himmel eine Sternschnuppe erscheint. Und so wünschte sich auch der Tischler Gepetto, dass seine kleine Holzspielzeugpuppe zum Leben erwacht. Durch den Zauber der blauen Fee wurde sein Wunsch wahr: Die kleine Holzspielzeugpuppe Pinocchio erwachte zum Leben und wurde ein richtiger Junge. Diese Szene wird in dem von Disney animierten Film „Pinocchio" durch das Lied *When You Wish Upon a Star*[1] begleitet, welches 1940 von Leigh Harline und Ned Washington geschrieben wurde und schnell zur Titelmusik von Disney wurde, die wir unter anderem in jedem Filmvorspann hören können. Schließlich drückt dieses Lied das aus, um was es in der Welt von Disney geht: Es geht um Hoffnungen, um Träume, um Wünsche, die in Erfüllung gehen, und natürlich auch um Magie. Den Glauben daran nicht zu verlieren, scheint die Botschaft zu sein, die uns Disney mit seinen Filmen und auch seiner Musik mitteilen möchte. Und so finden wir diese auch in anderen Liedern wieder, wie beispielsweise in dem Lied *A Dream Is a Wish Your Heart Makes*[2] aus dem Film „Cinderella". So lautet eine Liedzeile: *If you keep on believing / The dream that you wish will come true.* Auch in dem Film „The Princess and the Frog" („Küss den Frosch") wird gleich zu Beginn im Prolog[3] dazu ermutigt, an seinen Träumen festzuhalten:

The evening star is shining bright
So make a wish and hold on tight
There's magic in the air tonight
And anything can happen ...

Disney möchte uns stets dazu ermutigen, unseren Glauben an unsere Träume und Wünsche nicht zu verlieren, denn *When you wish upon a star / Your dreams come true.*

Dass der Stern aus diesem Lied schnell zum Stern von Bethlehem wurde, verwundert kaum;[4] schließlich sind Hoffnungen und Wünsche der Weihnachtszeit nicht fremd. Und so verwundert es noch weniger, dass Disney nicht nur traditionelle Weihnachtslieder in seinen Filmen adaptiert(e), sondern auch selbst diverse Weihnachtslieder komponieren ließ/lässt, um nicht nur seine grundlegende Botschaft kund zu tun, sondern auch seine Botschaft von Weihnachten. Doch welche Botschaft möchte uns Disney mit seinen Liedern mitteilen? Um was geht es Disney bei Weihnachten? Um Hoffnungen, Träume und Wünsche oder vielleicht sogar um die Weihnachtsbotschaft, von der uns jedes Jahr zu Weihnachten das Lukasevangelium berichtet?

Ich habe mich auf die Suche nach der Disney-Weihnachtsbotschaft gemacht und schnell wurde mir klar: Die Weihnachtswelt von Disney ist nur schwer zu fassen. So feiert Mickey Mouse nicht nur fröhliche Weihnachten, sondern blickt auch auf eine turbulente Weihnachtszeit zurück. Ein großes Weihnachtsfest wird nicht nur in Mickeys Wunderhaus gefeiert, sondern auch im Ozean oder der sonnigen Serengeti. Wir rocken nicht nur um den Weihnachtsbaum, sondern tanzen mit Goofy auch den Reindeer Rumba. Es ist auch nicht nur die Rede von Weihnachten: Elena von Avalor feiert Navidad und Sofia die Erste Wassailia. Um den Herausgeber dieses Bandes zu zitieren: Disney ist ein wirkliches Weihnachtswespennest. Es bietet eine Fülle von Weihnachtsfilmen und damit auch -liedern, die kaum zu überblicken ist; kaum ein Disneycharakter, der nicht etwas zur weihnachtlichen Stimmung beitragen möchte. Und so wurde mir schnell klar: Die ganze Disney-Weihnachtsmusikwelt werde ich in diesem Essay nicht durchdringen können, aber zumindest eine Annäherung möchte ich wagen. Dabei werde ich mich auf die expliziten Weihnachtslieder aus der Zeichentrickwelt von Disney beziehen, und somit auch nicht näher auf „Weihnachtslieder" wie beispielsweise *Do You Want To Build A Snowman*[5] aus dem Film „Frozen" eingehen. Sicherlich erscheint dieses Lied bei der Suchanfrage „Disney Christmas" bei Spotify direkt auf Platz 1 und vielleicht impliziert es auch eine Weihnachtsbotschaft, jedoch hilft es bei der Suche nach der Disney-Weihnachtsbotschaft erstmal nicht weiter. Und so beschränkt sich die Auswahl der gewählten Weihnachtslieder zunächst nur auf die Lieder, in denen es explizit um Weihnachten geht. Und nach all dieser Vorrede, hinein in die Welt der Disney Christmas Songs!

1. *When we're together*:
ein Weihnachten voller Hoffnung und Liebe

Sicherlich besteht Disneys Weihnachtszauber aus Glockenklang und Mistelzweigen, Tannengrün und Schnee. Es gibt kaum ein Disney-Weihnachtslied, welches auf diese weihnachtlichen Bilder und Motive verzichtet. Doch zugleich erinnern uns Disneys Weihnachtslieder auch stets daran, dass es an Weihnachten um mehr geht als um weihnachtliche Dekorationen und Stimmungen, die in uns ein Gefühl der Behaglichkeit und Besinnlichkeit auslösen. So ist Weihnachten nicht nur eine *joyful time of year*, sondern vor allem eine Zeit der Hoffnung: *As long as there's Christmas I truly believe / That hope is the greatest of the gifts we'll receive*. Gleich wie aussichtslos eine Situation scheint, Weihnachten schenkt uns Hoffnung. Davon singt beispielsweise Belle im Lied *As Long as There's Christmas*[6] aus dem Weihnachtsspecial „Beauty and the Beast: The Enchanted Christmas" („Die Schöne und das Biest: Weihnachtszauber"), und das sogar für den Weihnachtsengel Angelique, der jede Hoffnung auf ein Weihnachtsfest im verzauberten Schloss verloren hat.[7] Weihnachten ist aber nicht nur die Zeit der Hoffnung, es ist auch die Zeit der Liebe, die Zeit des Friedens und der Versöhnung. Sicherlich gehören auch ein reichlich gedeckter Tisch, Geschenke und ein großer Weihnachtsbaum ebenso zu Weihnachten wie das Feuer im Kamin oder ein Schneemann, doch worauf es wirklich ankommt, ist die mit dem Weihnachtsfest verbundene Hoffnung auf eine Welt *filled with peace and love*. Diese Botschaft scheint Disney ein wichtiges Anliegen zu sein; so wird sie im gleichen Film in einer Reprise nochmals vom Weihnachtsengel Angelique aufgegriffen:

When I felt lost and lonely
Not a dream in my head
Your words lifted my spirits
I remember what you said
As long as there's Christmas I truly believe
That hope is the greatest of the gifts we'll receive[8]

Hoffnung ist ein Motiv, das uns Christ:innen nicht fremd ist; ganz im Gegenteil: All unsere Hoffnungen richten sich an Weihnachten an das kleine Kind in der Krippe; unsere Hoffnung auf eine bessere Welt, eine Welt ohne Leid und Schmerz, auf eine Welt *filled with peace and love*. Und dass diese Hoffnung nicht unbegründet ist, davon können wir im Lukasevangelium lesen, schließlich ist in der Stadt Davids der Retter, der Messias, der Herr geboren; und so singen die Engel: „verherrlicht ist Gott in der Höhe / und auf Erden ist Friede / bei den Menschen seiner Gnade" (Lk 2,14). Weihnachten geht es also um Hoffnung auf Erlösung und Rettung; es geht um eine Welt voller Friede.

Dass es Weihnachten um mehr als um hübsch verpackte Geschenke, einen geschmückten Weihnachtsbaum und Glockenklang geht, wird Disney nicht müde zu betonen. So singen auch Anna und Elsa in dem Lied *When we're together*[9] aus dem Film „Olaf's Frozen Adventure" („Die Eiskönigin: Olaf taut auf"):

Sure, it's nice to open a gift that's tied up with a perfect bow
But the greatest present of all was given to me long ago
It's something I would never trade, it's the family that we've made
'Cause when we're together, I have everything on my list
And when we're together, I have all I wished
All around the Christmas tree, there'll be dreams coming true

But when we're together, then my favorite gift is you

So ist nicht nur Hoffnung *the greatest of the gifts we'll receive*, auch die Familie ist *the favorite gift*; denn *when we're together, it's a holiday every night /And when we're together, then the season's bright*. Sicherlich spiegeln diese Liedzeilen die hohen Ansprüche an ein harmonisches Weihnachtsfest innerhalb der Familie wider, die in der Realität – fernab vom Disney-Weihnachtszauber – durchaus auch zu Enttäuschungen führen können; auch ist klar, dass das christliche Weihnachtsfest erst im 18./19. Jahrhundert zu einem Fest der Familie wurde; trotzdem scheint Familie insbesondere an Weihnachten wichtig zu sein. Und auch wir Christ:innen erinnern zur Weihnachtszeit am Fest der Heiligen Familie an Jesus, Maria und Josef. An diesem wird die Heilige Familie im Tagesgebet als „leuchtendes Vorbild" beschrieben und darum gebetet, dass auch unsere Familien „in Frömmigkeit und Eintracht leben und einander in der Liebe verbunden bleiben". Ohne erneut auf die hohen Ansprüche und das damit verbundene Risiko, an diesem Ideal scheitern zu können, einzugehen, soll zumindest die Fixierung auf die Familie kritisch beleuchtet werden. Denn entspricht es der christlichen Nächstenliebe, all diejenigen, die keine Familie haben, gerade an Weihnachten außen vor zu lassen? Gerade an Weihnachten darf es doch nicht darum gehen, Alleinstehende, Fremde oder Bedürftige auszuschließen. Wir können diesen doch nicht wie damals Maria und Josef eine Unterkunft verwehren? Weihnachten darf doch kein exklusives Fest nur für *the lucky ones* sein, so wie es Belle in ihrem Lied *Holidays at home*[10] singt:

Holidays at home
That's what christmas means
To all the lucky ones like me who won't spend christmas all alone
Who've lived and laughed
And loved and grown
To see
How happy holidays at home can be

Wenn Familie ein leuchtendes Vorbild sein soll, dann doch deswegen, weil gerade zu Weihnachten jeder willkommen ist. Aber vielleicht mag die Liedzeile *it's the family that we've made* aus dem Lied *When we're together* genau das ausdrücken.

Diese Interpretation würde zumindest einem weiteren Weihnachtslied von Disney entsprechen. Prinzessin Elena von Avalor hebt in ihrem Weihnachtslied *Let love light the way*[11] hervor, dass es insbesondere darum geht, dass alle zu Weihnachten zusammen sind, Weihnachten ein Fest des Miteinanders ist:

So come sing with me
All together we'll be
On this holiday
Let love light the way
And down every street
Are new friends we can meet
On this holiday
Let love light our way

Es ist das Licht der Liebe, welches Navidad ausmacht; es ist das Licht der Liebe, das uns den Weg weist; es ist das Licht der Liebe, das nicht nur zu einem friedvollen Miteinander führt, sondern auch zu Versöhnung. So ermutigt Elena von Avalor: *So let love be your mission.* Diese Botschaft drückt sich auch in dem gewählten Musikgenre aus, denn Elena von Avalor initiiert eine Parranda. Bei dieser Musiktradition zieht man gemeinsam um die Häuser, geht zu Freunden und Verwandten und lädt sie dazu ein, mit zum nächsten Haus zu ziehen und dabei gemeinsam zu singen und zu tanzen. Es geht dabei also um das Miteinander, zu dem das Licht der Liebe führt. Diese Botschaft wird nicht nur durch das Musikgenre unterstrichen, welches übrigens vorwiegend mit der Weihnachtszeit assoziiert wird; sie wird auch dadurch verdeutlicht, dass alle in dem Lied mit einem Licht in der Hand durch die Gassen ziehen.

2. *Let Love Light Our Way*: das Licht der Weihnacht

Grundsätzlich ist Licht ein Motiv, das auch der Disney-Weihnachtswelt nicht fremd ist. Sicherlich ist die Suche nach einer Liedzeile, die besingt, dass in Jesus Christus das Licht in die Welt gekommen ist, vergebens, aber die damit verbundene Botschaft ist durchaus auch in dem Lied *Let love light our way* von Elena von Avalor zu finden: Es ist das Licht der Liebe, das unser Herz erhellt und erwärmt. Es ist dieses Licht, das die Dunkelheit erhellt, „um allen zu leuchten, die in Finsternis sitzen und im Schatten des Todes, / und unsere Schritte zu lenken auf den Weg des Friedens" (Lk 1, 78).

Das Motiv des Lichts – und auch all die anderen bisher genannten Motive – finden wir natürlich auch bei Mickey und seinen Freunden, die beispielsweise in dem Film „Mickey saves Christmas" das Lied *You light up Christmas*[12] singen: *The best gift is our friends and family / 'Cause you light up Christmas for me.* Es ist das Du, das Weihnachten ausmacht und erstrahlen lässt. Es ist das Miteinander, die Liebe zueinander, die Familie und Freunde verbindet und unser Herz erwärmt und erhellt:

And now our hearts are glowing
Knowing sparks are flowing
From the feeling of friendship
And family
Cause you light up Christmas for me!

Das Motiv des Lichts lässt sich auch in dem Lied *Wassailia*[13] finden, welches von Sofia der Ersten mit ihren Geschwistern gesungen wird: *And as night begins to fall / comes my favorite part of all /When we light the special candle.* Diese Kerze darf erst entzündet werden, wenn die ganze Familie da ist. Erst dann ist *Wassailia Day*, ein Fest in gemeinsamer Glückseligkeit; erst dann ist es *the most magical time oft the year / When all are filled with cheer.* Die brennende Wassailia-Kerze, aber natürlich auch der geschmückte Baum mit den vielen verpackten Geschenken darunter erinnern an ein perfektes Weihnachtsfest, wobei Wassailia eher an die Neujahrstradition der orthodoxen Kirche in Bulgarien erinnert. Am ersten Tag des Jahres ehrt die orthodoxe Kirche den Heiligen Basilius den Großen. Dieser Tag vereint in seinem Brauchtum heidnische und christliche Traditionen. So wird in den Liedern, die traditionell gesungen werden, auch eine Wassailia erwähnt, die die Zukunft der jungen Mädchen hervorsagt. Auch dürfen die Kinder an diesem Tag ihre Geschenke auspacken. Dies wollen Sofia die Erste und ihre Geschwister natürlich auch tun, jedoch ist ihr Vater König Roland verschollen und erst, als sie ihn im Wald – mithilfe ihres fliegenden

Pferdes Minimus – wiederfinden, können sie die Wassailia-Kerze entzünden und Wassailia feiern; auch wenn nicht im geschmückten Palast, sondern bei einer offensichtlich ärmeren Familie, die König Roland großherzig aufnahm. Und angesichts der bisherigen Erzählung und der eigentlichen Botschaft, die das Fest des Heiligen Basilius vermitteln möchte, überrascht es kaum, dass Sofia und ihre Geschwister am Ende der Episode ihre Geschenke den Kindern der ärmeren Familie schenken.

In Disneys musikalischer Weihnachtswelt geht es also nicht nur um weihnachtliche Stimmungen und Sentimentalitäten, sondern es geht darum, dieses Fest gemeinsam mit der Familie und auch mit Freunden verbringen zu dürfen. Es geht somit auch um die Liebe zueinander, aber auch um die Hoffnung, dass diese Liebe Licht in unsere Welt bringt.[14] Und diese Disney-Weihnachtsbotschaft könnte kaum besser zusammengefasst werden, als in dem Lied *The Best Christmas of all*[15], welches dann auch noch von nahezu allen Disney-Charakteren gemeinsam gesungen wird:

> *Here we are, warm and cozy*
> *by the fire's glow.*
> *Singing songs and stealing kisses*
> *under the mistletoe.*
> *We've finished our feasts.*
> *Had the tastiest treats!*
> *But the Spirit of Christmas*
> *just isn't complete.*
> *Without true friends and family*
> *And the memories we recall.*
> *It's a love we share that fills the air*
> *And makes this the*
> *best Christmas of all.*

3. *The best Christmas of all* – nicht ohne den Stern der Weihnacht (und ein bisschen Magie)

Doch wie geht der Text weiter?

*Something special
underneath the tree.
We hope it fits you perfectly.
I'm making a wish
on a sparkling light.
But that's not what makes this
a magical night.
It's our true friends and family*

I'm making a wish on a sparkling light – diese Liedzeile, gesungen von Mickey Mouse, erinnert doch sehr an das Lied *When You Wish Upon A Star*. Und auch wenn Yasmin und Aladdin auf ihrem fliegenden Teppich daran anschließend singen, dass *that's not what makes this a magical night*, scheint man Weihnachten in der Disney-Welt doch auch mit einem funkelnden Stern in Verbindung zu bringen, der unsere Träume und Wünsche wahr werden lässt. Auch die Grille Jiminy beendet die von Walt Disney präsentierte Fernseh-Weihnachtssendung „From All Of Us to All of You", die erstmals am 19. Dezember 1985 ausgestrahlt wurde, mit folgendem Gruß: „And now I like to share my memory moment: When you wish upon a star. It similizes faith, hope and all the things, that Christmas stands for. So this is my personal wish for you: Something that can make Christmas everyday, if you just believe, from all of us to all of you: Merry Christmas." Während Jiminy sich mit diesem Gruß an das Publikum wendet, wird nicht nur zeitgleich ein verschneites Dorf, über das der – sicherlich so zu interpretierende – Weihnachtsstern hell erstrahlt, eingeblendet; nachdem Mickey am Klavier bereits die Melodie des Liedes *When You Wish Upon A Star* einleitet, singt ein Chor anschließend an Jiminys Worte die folgende Zeile aus dem eben genannten Lied: *When you wish upon a star, your dreams come true.* Dass die Disney-Weihnachtsbotschaft nicht auf einen funkelnden Stern verzichtet, der unsere Träume und Wünsche erfüllt, scheint, wie bereits eingangs beschrieben, nicht verwunderlich; auch seine Interpretation als

Weihnachtsstern liegt nun wirklich nicht fern. Schließlich kann dieser Stern durchaus auch für das stehen, *that Christmas stands for*: für unsere Hoffnungen, Träume und Wünsche und den Glauben daran, dass sie wahr werden können. Es ist doch auch der Stern der Weihnacht, der uns zu dem Kind in der Krippe führt, an den wir all unsere Hoffnung und damit auch unseren Wunsch an eine bessere, eine friedvollere Welt richten. Dieser Stern zeigt uns Weihnachten; zeigt uns, um was es an Weihnachten geht. So singt Banga in dem Lied *Christmas in the Pride Lands*[16]: *But when that big star shines above / There's one thing I know! It's Christmas!*

4. From All of Us to All of You: Disneys Weihnachtsbotschaft *for everyone and everywhere*

Meine bisherige Recherche hat gezeigt, dass in der Disney-Weihnachtswelt ein großer Weihnachtsbaum, leuchtende Lichter und klingende Glocken sicherlich nicht fehlen dürfen:

So gather 'round the lovely tree,
where all the lights are shining
You'll see how happy we will be
while all the bells are chiming

So singt es Jiminy, begleitet durch Mickey am Klavier, in dem Weihnachtslied *From All of Us to All of You*[17], welches gleich mehrmals in dem gleichnamigen Weihnachtsspecial gesungen wird. Doch an Weihnachten geht es um mehr als solche Dekorationen und Stimmungen: In dieser *bright and joyful night, we're glad to have you with us.* Auch die bisherigen Disney-Weihnachtslieder haben stets hervorgehoben, dass es an Weihnachten um das Miteinander geht, mit der Familie, mit Freunden, mit Verwandten und Bekannten. Doch Disney geht es um noch mehr, und darauf macht uns Jiminy zum Schluss dieses Weihnachtsspecials aufmerksam: Es geht um den Glauben an die eigenen Träume; um die Hoffnung, dass unsere Wünsche in Erfüllung gehen. Und – auch davon handeln die bereits genannten Weihnachtslieder – um die Hoffnung auf eine bessere, auf eine friedvolle Welt, in der das Licht der Liebe erstrahlt. Und diese Botschaft möchte Disney mit allen teilen: *From All of Us* to *All of You*. So ist es nicht ausschlaggebend, ob wir Weihnachten, Navidad oder Wassailia feiern, oder – so zu sehen in „Olaf's Frozen Adventure" bei seiner Suche nach einer Weihnachtstradition[18] – Chanukka oder das Fest der Heiligen Lucia. Es ist auch nicht von Relevanz, ob wir eingeschneit in Mickeys Wunderhaus feiern; gemeinsam mit Arielle im Meer, in dem es natürlich keine weiße Weihnachten gibt, der Schneemann somit aus Sand gebaut wird, Delphine zu Rentieren werden und der Schlitten ein Boot ist[19]; oder ob wir in der sonnigen Serengeti Timon und Pumbaa nicht nur von grünen Weihnachten singen hören, sondern auch über die Uneinigkeit der beiden, ob es das Fest des Giving oder des Getting ist[20]. Denn, so singen es die Disney Prinzessinnen gemeinsam in ihrem Lied *Christmas Is Coming*:

Whatever the weather, the world seems to shine
...
What a happy season this is
When Christmas ...
Is everywhere

Wichtig ist also, dass Weihnachten ein Fest *filled with peace and friendship* ist, und das möglichst für alle und überall. Für all die damit verbundenen Hoffnungen und Wünsche steht der Stern der Weihnachtsnacht; er zeigt uns den Weg zu einer friedvollen Welt, in der das Licht der Liebe hell erstrahlt.

5. *Gonna shout it from the mountaintops: A Star is Born* – Weihnachten ganz ohne das Kind in der Krippe?

An Weihnachten richtet sich unsere Hoffnung an das Jesuskind in der Krippe; doch vom Christkind hören wir in den Disney-Weihnachtsliedern nicht. Sicherlich erinnert das Wort *Kris Kingle* aus dem Disney-Weihnachtslied *From All of Us to All of You* an das Wort Christkind, was etymologisch leicht zu erklären wäre; gemeint ist hier jedoch Santa Claus, nicht das Christkind. In all den Disney-Weihnachtsliedern geht es also um Glaube, Liebe und Hoffnung, was an die christlichen Tugenden erinnern kann; auch das Motiv des Lichts ist der christlichen Weihnachtsbotschaft nicht fremd. Aber dass wir in dieser einen Nacht die Geburt Jesu Christi feiern, findet sich in keiner Liedzeile, so zumindest das Ergebnis meiner Recherche.

Aber das muss es auch nicht: Disney steht für all das, wofür das Lied *When You Wish Upon A Star* steht; und wenn diese Botschaft zu Weihnachten um weitere wichtige Werte, wie die Familie, die Freundschaft, die Liebe zueinander oder die Versöhnung und der Friede, ergänzt wird, ist das der christlichen Botschaft von Weihnachten nicht fern. Sicherlich kann hier auf die Entwicklung – für einige auch auf die Gefahr – der Säkularisierung des Weihnachtsfestes hingewiesen werden: Weihnachten scheint nur noch eine Hülle zu werden, die beliebig gefüllt werden kann, die sich vielleicht sogar in Oberflächlichkeiten verliert. Aber vielleicht kann man dem entgegnen, wie es der Theologe Rainer Kampling tut:

> „Ich mache mir, ehrlich gesagt wenig Sorgen um Weihnachten, weil ich glaube, dass die christliche Botschaft des Weihnachtsfestes überall da Gehör finden wird, wo Menschen auf Erlösung warten, und ich kann nicht erkennen, dass das Thema alt wird. ... Das christliche Fest muss man nicht retten, weil es das Fest der Rettung ist."[21]

Sicherlich wird diese zentrale Botschaft von Weihnachten oftmals nicht in ihrer ungeschmückten Realität vermittelt, schließlich liegt da ein Kind nur in der Krippe, auf Heu und auf Stroh und die Eltern sind auf der Flucht; sie wird dagegen mit viel Kitsch ausgeschmückt: mit Glockenklang und Mistelzweigen, mit Tannengrün und Schnee, mit Geschenken und jeder Menge Glitzer. Wenn Disney dann noch unsere Lieblings-Charaktere Weihnachtslieder singen lässt, ist das Maß von Kitsch kaum zu überbieten. Und ehrlich? Wenn Disney-Melodien in uns ein Gefühl der Behaglichkeit und Besinnlichkeit auslösen, ist das vielleicht für einen Moment eine Flucht aus der Realität, aber deswegen nicht verwerflich; und wenn die Texte uns vielleicht zum Nachdenken oder zum Weiterdenken anregen, uns vielleicht letztlich sogar zur christlichen Weihnachtsbotschaft führen, ist das doch eigentlich eine gute Sache.

Und wem das alles viel zu unchristlich ist, viel zu weit weg von der eigentlichen christlichen Weihnachtsbotschaft des Lukasevangeliums, den möchte ich dazu ermutigen, in das Lied *A Star Is Born*[22] aus dem Disney-Film „Hercules" reinzuhören. Vielleicht erinnern uns diese Zeilen aus einem definitiv nicht intendierten Weihnachtslied an die Geburt Jesu und sein Leben; vielleicht ist dies aber auch eine zu freie Interpretation. Aber wenn wir diese zulassen, könnte dieses Lied ein Weihnachtslied sein, das nicht nur davon erzählt, dass in dieser Nacht ein Kind geboren wurde, das Licht in die Dunkelheit bringt; das uns nicht nur dazu ermutigt, unsere Hoffnungen nicht aufzugeben, sondern uns auch dazu auffordert, es diesem *star* nachzumachen: *Just remember in the darkest hour / Within your heart's the power / For making you / A hero too.* In uns ist also eine Kraft, die uns zu solch einem Helden, zu solch einem Star machen kann. Und kann diese Kraft in uns nicht unser Glaube sein? Und fordert unser Glaube an Jesus Christus nicht gerade dazu auf, es ihm nachzuahmen, uns in unserem Tun und Handeln an ihm zu orientieren, um für eine bessere, friedvollere Welt einzutreten, und das nicht nur zu Weihnachtszeit. Ist solch eine Nachfolge Jesu nicht gerade „something that can make Christmas everyday, if you just believe"? In diesem Sinne: „From all of us to all of you: Merry Christmas".

When You Wish Upon a Star:
https://music.youtube.com/watch?v=oTot6Kr2Q6s&list=
OLAK5uy_mjnmtsKiEcl12byg0sQb9PSW7jYHXmXTc

As Long as There's Christmas:
https://music.youtube.com/watch?v=kIhb4O3gxRE

Anmerkungen

[1] https://music.youtube.com/watch?v=oTot6Kr2Q6s&list=OLAK5
uy_mjnmtsKiEcl12byg0sQb9PSW7jYHXmXTc

[2] https://music.youtube.com/watch?v=1i8XVQ2pswg

[3] https://music.youtube.com/watch?v=Diik4Tx4HQM

[4] Insbesondere in den skandinavischen Ländern wurde der Stern aus dem Lied *When You Wish Upon a Star* als Weihnachtsstern interpretiert. Vgl. Krol, Jacklyn: ‚When You Wish Upon a Star': The Story Behind The Disney Classic, veröffentlicht am 09.02.2023, https://www. udiscovermusic.com/stories/when-you-wish-upon-a-star-feature/.

⁵ https://music.youtube.com/watch?v=dzGxTj3WoAA

⁶ https://music.youtube.com/watch?v=kIhb4O3gxRE

⁷ Übrigens ist uns der Weihnachtsengel Angelique nicht nur aus diesem Disney-Weihnachtsspecial bekannt. Auch in „Mickey's Once Upon a Christmas" ist er in Goofys Episode zu sehen.

⁸ https://music.youtube.com/watch?v=jDRxgYKp6fc

⁹ https://music.youtube.com/watch?v=0JTjU_Y8dno

¹⁰ https://music.youtube.com/watch?v=Lzpu3KgEAKg

¹¹ https://music.youtube.com/watch?v=Jd6fjFSKmh0

¹² https://music.youtube.com/watch?v=pEPeDFldqF8

¹³ https://music.youtube.com/watch?v=frJp59aGgBA

¹⁴ Sicherlich wird auch die romantische Liebe in der Disney-Weihnachtswelt besungen. So singt beispielsweise Aurora über ihr *Christmas with My Prince*: https://music.youtube.com/watch?v=5QDsv4gY5 No (und das Maß an Kitsch lässt sich kaum überbieten).

¹⁵ https://music.youtube.com/watch?v=UPvcii3UH24

¹⁶ https://music.youtube.com/watch?v=7hTkEL_vaes

¹⁷ https://music.youtube.com/watch?v=rMpqaO2Ak1s

[18] https://music.youtube.com/watch?v=B3E892tsiP4

[19] https://music.youtube.com/watch?v=RUvodbtpals

[20] https://music.youtube.com/watch?v=7hTkEL_vaes

[21] Leusch, Peter: Christliches Ereignis, Familienfest und Konsumspektakel, veröffentlicht am 25.12.2008 auf https://www.deutschlandfunk.de/christ liches-ereignis-familienfest-oder-konsumspektakel-100.html.

[22] https://music.youtube.com/watch?v=T0eCoI87PZs

„Beneath the Howling Stars"

Weihnachten im Heavy Metal

Wenzel Widenka

Satan liebt Geschenke. Der Gehörnte freut sich vor allem über Opfer: junge, frische Seelen, und bedient sich zahlreicher Wege, an diese zu gelangen. Seine Methoden sind dabei stets subversiv. Bis Ende des vergangenen Jahrtausends waren sich Jugendschützer und Religionspädagogen sicher, dass ein zielsicheres Mittel, an junge Seelen zu kommen, die Verführung durch Musik sei. Musik war zwar durch Bach als Himmelsburg für den Allmächtigen konzipiert worden, doch nicht jedes Genre hielt dieser zölestischen Überprüfung stand. Für jede Motette erstand irgendwo auf der Welt Jahrhunderte später ein Elvis. Die Erschaffung der „Matthäuspassion" rächte der Satan mit der Formierung von *Iron Maiden* 1975. Diese sicherten Religionspädagogen ein beliebtes Beispiel für eine Textanalyse, und so fand sich „The Number of the Beast" in zahlreichen Religionsbüchern der 80er Jahre abgedruckt, um in Klasse 7 bis 9 vor der Musik zu warnen. Nicht nur erscheint dies aus heutiger Perspektive harmlos und ein bisschen peinlich, auch stellt sich die Frage, wie die Verteidiger der Jugend auf eine Band wie *Marduk* und deren programmatisches Motto „With Satan and victorious weapons" reagiert hätten[1] und welche noch unentdeckte himmlische Symphonie nach dieser Dialektik die Gründung der schwedischen Black Metal Band provoziert hatte. Angesichts der angeblichen Verderbtheit dieses Genres scheint kaum eine Musikrichtung ungeeigneter für eine weihnachtliche Untersuchung als der Heavy Metal und seine zahllosen Unterspielarten.

Doch zeigt eine Soziologie des durchschnittlichen Heavy Metal Fans, dass dieser größtenteils Angehöriger des saturierten Bürgertums ist, der zudem oft selbst Lehrer wird. Heavy Metal betont zwar gerne und oft seine angebliche Verwurzelung in der Arbeiterklasse, konnte dieses Versprechen aber nie einhalten. Oftmals ist der Bildungsgrad des durchschnittlichen Metal-Fans ein erstaunlich hoher, die Hintergründe gutbürgerlich. In diesen Kreisen wird gern und oft das Weihnachtsfest gefeiert. Nur mit diesem Hintergrund ergibt eine Rebellion gegen Elternhaus und Establishment ausreichend Sinn. Wer im Sommer mit Gleichgesinnten auf Festivals pilgert und damit schon quasireligiös agiert, findet sich zur Dezemberzeit oft eingepfercht mit Eltern, Geschwister, Tanten und Onkeln, um gemeinsam den Weihnachtsbaum zu besingen. Dies kann als Dilemma erfahren werden. Doch die augenscheinliche Grundspannung dieses Verhältnisses ist allerdings überhaupt keine, da es, wenn auch nicht zahlreich, durchaus Weihnachts-Heavy-Metal-Alben gibt, die die Krux des unpassenden Musikgeschmacks ein wenig mildern. Denn Heavy Metal erweist sich in seiner Geschichte als anschlussfähig in beinahe alle Richtungen.

Ein kurzer Blick in das frei zugängliche Online-Verzeichnis Metal-Archives.com, das sich selbst als „Encyclopaedia Metallum" vorstellt, führt zu knapp 870 Song-Einträgen zu den Lemmata „Christmas" und dem deutschen „Weihnachten". Dopplungen aufgrund von Mehrfachveröffentlichungen sind hier noch nicht herausgerechnet. Doch selbst nach durchgeführter Reduktion bleibt eine dreistellige Anzahl an Liedern übrig, in denen sich Heavy-Metal-Bands mit der Weihnachtsthematik auseinandergesetzt haben oder zumindest das Wort „Weihnachten" in den jeweiligen Songtiteln replizierten. Die Bandbreite an Prominenz und Ernsthaftigkeit reicht dabei von den dezidiert weihnachtlichen Rock-Opern des *Trans-Siberian Orchestra*, welches in den USA immense Erfolge verzeichnen konnte, über die „Oh Tannenbaum"-Vertonung der finnischen Sängerin Tarja Turunen (Ex-*Nightwish*) bis hin zu eher obskuren Untiefen wie „Unholy Night of Weihnachten" des deutschen Black Metal Solo-Projekts *Grafenwald*. Im Überblick lassen sich mehrere große Tendenzen feststellen, die einen Rahmen für die folgende Untersuchung bilden sollen. Es gibt im Heavy Metal durchaus ernstzunehmende Weihnachtsalben, die sich entweder durch Konzept-Alben *(Trans-Siberian Orchestra)* oder durch metallische Neuinterpretationen bekannter Weihnachtsklassiker (Tarja – From Spirits and Ghosts, Halford – III: Winter Songs) auszeichnen. Coverversionen kennzeichnen auch die zweite Gruppe, jedoch zumeist solche, die humorvolle Neuinterpretationen oder gallige Satiren ohne erkennbare Erbauungsabsicht darstellen.[2] An dritter Stelle stehen solche Werke, die als Anti-Weihnachtslieder und Angriff gegen christliche Glaubensinhalte verstanden werden können

(„Storm the Church on Christmas Eve" von *Satanic Elite* oder das „Death Metal Christmas"-Projekt).

Verkündigung mit Stromgitarren

Eine gesamte Weihnachtstrilogie, Pläne für ein Broadway-Musical, eine mehr als 60 Personen umfassende Liveshow und Auftritte im US-amerikanischen Fernsehen: An Erfolg mangelt es dem *Trans-Siberian Orchestra* nicht. Im Umfeld der US-amerikanischen Heavy Metal Band *Savatage* um die Gitarristen Jon und Chris Oliva entstanden, sollte das Nebenprojekt eigentlich der Band aus einer finanziell klammen Lage helfen. Der Song „Christmas Eve (Sarajevo 12 24)" wurde jedoch 1995 ein unerwarteter Hit zur Weihnachtszeit und veranlasste die Band, eine komplette Weihnachtstrilogie aufzunehmen. Der Erfolg überflügelte denjenigen der Hauptband *Savatage* bei weitem und führte letztendlich zu deren Auflösung. Das TSO tourt heute regelmäßig in den USA und mittlerweile auch in Europa und gehört für viele Fans fast schon traditionell zur Weihnachtszeit dazu. Für Aufsehen sorgte ein technisch begabter Fan, der sein mit zahllosen bunten Glühbirnen weihnachtlich dekoriertes Haus abgestimmt zum Song „Wizards in Winter" illuminierte. Das Video, das davon aufgenommen wurde, tat, was viele Videos mit leicht konsumierbarem und ergreifendem Inhalt zu tun pflegen: es ging viral.

Mit welcher Art von Musik gelang dem TSO nun dieser für eine Metal-Band eher ungewöhnliche Erfolg? Das TSO setzt auf eine Strategie, die sehr gut zu Weihnachten passt: Überzeugung durch Masse. Das Subgenre der „Rock-Oper" oder besser gesagt der Rock-Musicals hatte schon bei Vorgängern wie Meat Loaf hervorragend funktioniert. Die Rockinstrumentierung wird also durch eine umfangreiche Orchestrierung, Piano, Chöre, ausladende Arrangements, überlange Songstrukturen und eine spannende „Storyline" ergänzt. Da sich die „Story" im Falle von Weihnachten auch ohne umfangreiche Erklärungen leicht erschließt und das TSO zusätzlich alle bekannten Weihnachtsklassiker als Zitate und Reprisen einbaute, waren Wiedererkennungswert und Zugänglichkeit garantiert. Begleitet von Kinderchören, den obligatorischen „Salzstreuern" und lyrischen Schilderungen von heimeligen Kaminfeuern kann der Hörer mitunter vergessen, dass auch Gitarre und Schlagzeug Bestandteil des Sounds sind. Dem TSO gelingt aber damit das Kunststück, sowohl für die verträumte Zweisamkeit auf dem Sofa als auch für Vatis Headbang-Ausflug um den Tannenbaum den passenden Soundtrack zu liefern. Und dies teilweise im selben Song. Natürlich spielt auf TSOs „Christmas Eve" kein vollwertiges Orchester, sondern Keyboards, die sich dann mit den Gitarrensoli duellieren. Das trägt aber eher zur Modernisierung und Dramatik des Gehörten bei als zu seiner Verflachung.

Bei genauerem Hinschauen bieten sich klassische Weihnachtslieder wie das bei fast allen in diesem Aufsatz vorkommenden Musikern rezipierte „Oh come, all ye faithfull" für eine „Metallisierung" aber geradezu an. Der Titel ist, das richtige Arrangement vorausgesetzt, kraftvoll, mit einem marschartigen Rhythmus ausgelegt, kann zu einem stets exaltierteren Höhepunkt gesteigert werden, und, was fast am wichtigsten ist, von möglichst vielen Kehlen möglichst laut mitgesungen werden, gerade oder schief.[3] Viele Weihnachtslieder, seien sie klassisch oder amerikanischen Ursprungs, lassen sich mit dieser Kategorisierung fassen und ummodellieren. Dass Barockmusik mit Schlagzeug funktioniert, weiß der Hörer auch nicht erst seit dem „Rondo Veneziano". Klassische Musik teilt sich mit Rockmusik den Hang zum großen dynamischen Kontrast, was der Idee der Rockoper direkt zugutekommt. Hinzu kommt der dem Rock und Metal eigene Hang zum Pathos. Kaum ein Fest ist pathetischer als Weihnachten (Ostern hat keinen vergleichbaren Stellenwert in der Welt des Metal).

Das unbekannte Land

Immer wieder überraschen Protagonisten der härteren und härtesten musikalischen Genres durch Ausflüge in sanftere Gefilde. Da spielen Death Metal Schlagzeuger plötzlich Jazz (George Kollias, *Nile*) oder ägyptische Meditationsmusik (Karl Sanders, ebenfalls *Nile*). Das Bekenntnis zum christlichen Weihnachtsfest verlangt scheinbar noch mehr Überwindung, obwohl in der Geschichte des Heavy Metal immer wieder erstaunliche Bekenntnisse vorkommen. Tom Arraya von *Slayer*, die mit Alben wie „Hell Awaits", „Reign in Blood" oder „God Hates Us All" berühmt wurden, gibt immerhin an, Katholik zu sein und einfach nur die Texte seines Gitarristen Kerry King zu singen. Die britischen Metal-Pioniere

Judas Priest um den charismatischen Frontmann Rob Halford wurden durch eine hypermaskuline Motorrad- und Lederoptik berühmt (die der homosexuelle Halford gleichwohl aus dem Schwulenmillieu der 70er und 80er Jahre entlehnt hatte). Judas Priest und Rob Halford gingen einige Jahre getrennte Wege. Jahre, in denen Halford einen umfangreichen Katalog an Solowerken veröffentlichte. Unter diesen findet sich 2009 auch überraschenderweise ein Weihnachtsalbum mit dem Titel „III: Winter Songs". Das Album beinhaltet sowohl Eigenkompositionen als auch metallisierte Fassungen bekannter angelsächsischer Weihnachtslieder. Es erreichte eher mittelmäßige Kritiken. Interessant ist ein Blick in die Texte der Eigenkompositionen, die einen Eindruck von Halfords persönlichem Glauben geben könnten. In „Light of the World" lesen wir beispielsweise: „When I think of this special day / There's so much to say / I don't know where to begin." Bezeichnenderweise findet sich auch ein Titel namens „I don't care if it's christmas night". Darin schildert der Protagonist seinen beschwerlichen Heimweg zum Weihnachtsabend mit der Partnerin. Alkohol, ausgefallene Flüge und dichter Schneefall verhindern ein Happy End. Die Angebetete hat sich nach längerer Zeit des Wartens dazu entschlossen, mit einem Herrn namens Joe auszugehen; der Protagonist verbringt den Weihnachtsabend trinkend und prügelnd in seiner Lieblingskneipe. Ob sich auf dem Album Rob Halfords persönlicher Glaube repräsentiert findet, muss dahingestellt bleiben. In einem Interview mit dem Magazin „Brave Worlds" äußert sich der mittlerweile wieder mit Judas Priest vereinte Sänger zur Entstehungsgeschichte von „Winter Songs". Das Album sei für Menschen aller Glaubensrichtungen geeignet und beschreibe nur die spezielle Atmosphäre rund um die Weihnachtszeit. Ein persönliches Glaubensbekenntnis gibt Halford nur hinsichtlich seiner Herkunft ab: „Ich bin Brite. Es ist ein sehr britisches Album".

Im Land der tausend Tannen

Die finnische Sängerin Tarja Turunen ist durch die Band *Nightwish* einem breiten Publikum bekannt geworden. Nachdem sich die Band 2005 von ihrer Sängerin getrennt hatte, schlug diese eine erfolgreiche Solokarriere ein. Der Musikstil verblieb hierbei in düsteren, rockigen Gefilden. 2017, nach äußerst produktiven Jahren, hatte sich Frau Turunen etwas Besonderes überlegt: Mit „From Spirits & Ghosts" erschien ein dezidiertes Weihnachtsalbum mit Neuvertonungen von vor allem englischsprachigen Klassikern wie „O come, o come Emmanuel", „Amazing Grace" oder „God Rest Ye Merry Gentlemen". Aber das Album ist vielsprachig (bezeichnenderweise allerdings nicht in Turunens Muttersprache Finnisch): Neben dem spanischsprachigen „Feliz Navidad" findet sich auch eine Aufnahme des deutschen Weihnachtsklassikers „Oh Tannenbaum". Im Musikvideo zum dramatisch orchestrierten Track schleicht Turunen als klauenbewerte böse Fee über einen unheimlichen Weihnachtsmarkt und besingt in akzentfreiem Deutsch den in der Weihnachtsgeschichte eigentlich nicht vorgesehenen Nadelbaum. Heimelige Weihnachtsfreude hatte die Sängerin beim Arrangement der Stücke nicht im Blick, eher Melancholie und die undurchdringliche Düsternis eines einsamen Winterabends. Hier herrscht musikalisch und thematisch große Ernsthaftigkeit vor.

Mehr Spaß im Schnee

In die eher humoristische Ecke schielt hingegen Kim Bendix Petersen, besser bekannt als King Diamond. Der dänische Sänger der emblematischen Horror-Pioniere *Merciful Fate* verfolgt auf seinen Solo-Alben, ähnlich den bereits erwähnten *Trans-Sibirian Orchestra*, einen Konzept-Ansatz. Viele seiner Veröffentlichungen erzählen im Alben-Format Horror-Geschichten, teils über mehrere Alben hinweg, die live auch dementsprechend bildgewaltig umgesetzt werden. Was King Diamond schon zu Zeiten der Vorgängerband *Merciful Fate* auszeichnete, ist nicht nur sein ungewöhnlicher Falsettgesang, der auch im hochfrequenten Bereich der Heavy Metal Vokalisten seinesgleichen sucht. Mindestens ebenso interessant ist Petersens Bekenntnis zu einer Form des LeVey'schen Satanismus, den er als Freiheitsideologie apostrophiert. Er ist von Anton Szandor LeVey persönlich auf Lebenszeit zum Mitglied der „Church of Satan" ernannt worden. Im Gespräch mit Michael Moynihan, dem Autor von „Lords of Chaos", dem maßgeblichen Hintergrundwerk zur Entstehung des satanischen Heavy Metal,[4] äußerte Petersen, dass er in der Lektüre der „Satanischen Bibel" von LeVey die meisten seiner Ansichten wiedergefunden habe. Die Bühnenshow, die Horror-Geschichten und das persönliche Bekenntnis waren zu seiner Zeit unvergleichlich und mit keinem stumpfen Satanismus vergleichbar, der sich zeitgleich oder später in der Metalszene verbreiten sollte. Der Humor des King kam dabei schon von Anfang an in Titeln wie „Nuns Have No Fun" zum Vorschein. Und auch das Weihnachtsfest wurde von King Diamond mit viel Humor statt beißendem Hass bearbeitet.

Storytelling, haben wir beim TSO gesehen, funktioniert ganz wunderbar mit Weihnachtsliedern. King Diamond entschied sich entgegen seiner Gepflogenheiten allerdings nicht für ein Weihnachts-Konzeptalbum, sondern für eine kleine EP namens „No Presents For Christmas", die den Titelsong sowie ein weiteres Stück namens „Charon" enthält. Auf dem Cover posiert der King, offensichtlich gut gelaunt und mit seiner typischen schwarz-weißen Gesichtsbemalung versehen mit einem Plastik-Rentier. Der staunende Hörer erfährt von einem Dilemma: Santa Claus hat niemanden, der ihm den Schlitten ziehen möchte. Es findet sich kein Schaf (sic!); Rentiere kommen nicht vor. Stattdessen böten sich Comic-Helden wie Tom und Jerry oder gar Donald Duck an. Doch erste betrinken sich haltlos mit Sherry (des Reimes wegen) und sind deshalb nicht fahrtüchtig; letzterer liegt noch im Bett. Aufgrund dieses Generalstreikes sieht sich der Weihnachtsmann (von dieser amerikanischen Interpretation kann man getrost ausgehen) außerstande, die Geschenke auszuliefern, weshalb der EP-Titel ins Spiel kommt: „No Presents For Christmas."

Was tut der langhaarige Musikfreund also, wenn es an Weihnachten keinerlei Geschenke gibt? Heavy Metal Fans sind nachweislich konservativ und legen Wert auf Familienleben, sodass es naheliegend scheint, dass die Enttäuschung am Heiligen Abend groß ist, schließlich hatte man sich trotz blutrünstiger Bandshirts und Pentagramm-Zeichenübungen im Religionsunterricht auf das familiäre Beisammensein mit Geschenken gefreut. Ein Ausflug in die Metal-Disko böte sich an, wo ein weiterer Klassiker des besinnlichen Genres gespielt werden könnte. Das „X-Mas-Project" mit Mitgliedern deutscher Speed- und Thrash-Metal Gruppen wie *Holy Moses*, *Tankard* oder *Rage* existierte zwischen 1985 und 1995 und hatte sich auf die genretypische Wiedergabe von Weihnachtsklassikern spezialisiert. Das bedeutete konkret: Man spielte ganz einfach „Jingle Bells", „Oh Come All Ye Faithfull" oder gar „Good King Wenzeslaw" mit verzerrten Gitarren, Double Bass-Drumming und auf doppelter Geschwindigkeit. Dazu wurde Bier gereicht. Das Ganze war so primitiv wie wirksam. Die Ergebnisse des „X-Mas-Projects" haben bis heute Kultstatus, nicht nur unter eher traditionell eingestellten Metalfans, und zahlreiche Disko-Ausflüge nach der Bescherung (ob mit oder ohne Geschenken) dürften von der Platte „Banging 'Round the X-Mas Tree" begleitet worden sein.

Auch der *Sodom* Sänger Tomas Such, besser bekannt als „Onkel" Tom Angelripper, veröffentlichte 2000 einen Track namens „Ich glaub nicht an den Weihnachtsmann". „Ich glaub nicht an den Weihnachtsmann / denn was ich mir wünsche, kommt nicht an / Kein Ferrari steht vor meiner Tür / nicht einmal wenigsten 'n Kasten Bier". Die kindliche Enttäuschung des Protagonisten resultiert in seiner Ungläubigkeit und Wut: „Ein Betrüger!" Der Track ist Auftakt eines gesamten Weihnachtsalbums gleichen Namens, welches, ganz ähnlich wie das erwähnte X-Mas-Project, Weihnachtslieder schneller und mit Gitarre spielt. Warum es diese Neuauflage gebraucht hat, erklärt Such nicht.

Krieg und Frieden

Auch die jüngere Generation von Metalmusikern beschäftigt sich mit Weihnachtsliedern, wenn auch auf ungewöhnliche Weise. 2008 verbanden Tim Lambesis und Chad Ackermann ihre Sehnsucht nach weißen Winterabenden mit der Begeisterung für den österreichischen Schauspieler und Politiker Arnold Schwarzenegger. Das Daraus entstandene Projekt *Austrian Death Maschine* lieferte mit „A very brutal christmas" einen neunminütigen Soundtrack zum nicht ganz friedlichen Heiligabend. Verstärkt durch mehrere Gastmusiker verwandelten die beiden Initiatoren zunächst den Klassiker „Jingle Bells" in eine headbang-kompatible Gitarrenversion und bereicherten die EP mit einer Eigenkomposition und einem Judas-Priest-Cover, die beide durch Soundsamples eines stilisierten „Aaaaahnold" versehen wurden. Dieser wünscht sich zu Weihnachten „your clothes, your boots, your motorcycle" und nimmt sich diese dann auch. Der Weihnachtsabend ist gerettet, zumindest für den Protagonisten. Die musikalisch nahen *August Burns Red* schlagen im Übrigen mit ihrer Coverversion von „All I want for christmas in you" in eine ähnliche Kerbe. Auch hier sind es wieder die amerikanischen Weihnachtsklassiker, die viel mehr

als deutsche oder britische Choralgesänge die Lust am verballhorn-
ten Cover wecken.

Einen Schritt weiter geht die Compilation „Death Metal Christmas", die 2013 veröffentlicht wurde. Auf dem Cover ist eine gehörnte Maria zu sehen, die über dem ungewohnt rothäutigen und
mit zwei Hörnern versehenen Christuskind thront. Angekündigt
wurde das Album als „Hellish rendition of christmas classics". Verantwortlich zeigte sich *Hell Eternal*-Bassist J. J. Hrubovcak, dem daran gelegen war, zu betonen, dass es sich um ein „seriöses" Album
handele, das man auch außerhalb der Weihnachtszeit hören könne. Die Weihnachtsklassiker, die sich auch hier finden, dienen dabei nur als Ausgangspunkt für eine musikalische Reise und Um-
interpretation, die sich vor allem auf die Death Metal-typischen
Stilelemente wie gutturalen Grunz-Gesang, extreme Geschwindig-
keiten am Schlagzeug (Blast Beats, Double Bass), tiefergestimmte
Gitarren sowie die komplette lyrische Umgestaltung hin zum blan-
ken Gegenteil des ursprünglich Gedichteten auszeichnen. So wird
aus „O Come, O Come, Emanuel!" ein programmatisches „O Come,
O Come, Azrael!". Dahinter verbirgt sich eine gesamte Geschichte,
die Hrubovcak mit seinem Album erzählen will. Ein namenloser
Knabe wird in eine reiche, politisch korrupte Familie geboren und
vom Dämon Azrael besessen. Im Auftrag eines weiteren Dämons
namens Abaddon soll der junge Heiland die Erde von der Plage
Mensch befreien. Langsam, im Verlauf seines Lebens, manipuliert
Azrael mithilfe des Knaben im Sinne einer Verschwörungstheorie
alle Politiker, bis er sich selbst zum König ausruft, die Politiker zur
Hölle fahren lässt und auf Erden ein bis dato unbekanntes Strafge-
richt anordnet. Dem unbedarften Hörer, der das Album zum ersten
Mal in die Hände nimmt, dürfte eine solche Apokalypse kaum bewusst sein, finden sich doch in der Titelliste bekannte Namen wie
„Greensleeves" oder gar Tschaikowskis „Tanz der Zuckerfee". Nach
kurzem Klassikzitat wendet sich aber auch letzteres in den Death
Metal, nicht ohne in den Leadgitarren immer wieder den Klassiker
aus dem „Nussknacker" zu zitieren.

Fazit

Mit der gehörnten Jungfrau wollen wir an dieser Stelle unseren
Rundumblick abschließen. Zwar könnte man noch in die Untiefen

des musikalischen Undergrounds vorstoßen, wo mehr oder minder obskure Bands mit einem Hörerkreis von etwas mehr als einem Haushalt nicht müde werden, Musik zu veröffentlichen, die mitunter auch Weihnachten zum Thema macht. Doch hat dies weder für die Szene noch für den vorliegenden Text eine besondere Bedeutung. Festzuhalten ist jedoch, dass sich Metal oft und umfangreich mit religiösen Themen beschäftigt, zumeist in kritischer Distanz. Dazu zählt auch das Weihnachtsfest. Die seriöse Auseinandersetzung bleibt dabei auf wenige, wenn auch mitunter sehr erfolgreiche Ausnahme beschränkt. In sehr vielen Fällen siegt der dem Metal ursprünglich eigene Hang zum Hedonismus, was sich in zahlreichen Parodien und Trinkliedern niederschlägt. Das muss für das Gemeinschaftserlebnis in der Weihnachtszeit nichts Negatives sein. Nachdem gemeinsam zu den Klängen des *Trans-Siberian Orchestra* am Nachmittag der Weihnachtsbaum geschmückt wurde und Tarja Turunen den selbigen besang, kann sich nach Überreichung der Geschenke der jugendliche Anteil der Familie in die Metaldisko verabschieden, wo seit mehr als 25 Jahren „Banging 'Round the X-Mas-Tree" aufgelegt wird.

Das faszinierende am Genre Heavy Metal ist es gerade, dass es wie wenig andere Genres als Opposition zu den üblichen Hörgewohnheiten begann, sich aber thematisch mit so gut wie allen denkbaren bürgerlichen Themenfeldern auseinandersetzte, sei es Politik, Religion oder Freizeitgestaltung. Nur die Zurschaustellung materialistischer Errungenschaften überlässt man komplett Konkurrenzgenres wie dem Hip Hop. Einen Berg Geld zu verdienen war dem Heavy Metal schon immer suspekt. Vielleicht hat er deshalb mit dem Fest Weihnachten, in dessen Zentrum ganz das unverdiente Geschenk steht, kein besonderes Problem, sondern eher eine unleugbare Faszination.

Christmas Eve/Sarajevo – Trans-Siberian Orchestra:
https://music.youtube.com/watch?v=MHioIlbnS_A

Anmerkungen

[1] Auf dem Album „World Funeral" (2003).

[2] „Die Heiligen Drei Könige aus dem Morgenland – Eine periphere Weihnachtskantate" der Band „Kings of völlige Durchness" beispielsweise ist

exakt drei Sekunden lang. Der Text besteht aus den Worten „Kasper! Melchior! Baltasar!", was für jedes Wort exakt eine Sekunde Raum gibt.

[3] Die berühmte Version des Sängers Tiny Tim sei hier beispielhaft genannt.

[4] Vgl. Moynihan, Michael / Soderling, Didrik: Lords of Chaos. Satanischer Metal: Der blutige Aufstieg aus dem Underground. Überarbeitete Neuauflage 2008.

... und Last Christmas?

Abschluss

Michael Winklmann

Im Londoner Sommer 1984 stattet der junge Musiker George Michael ein Musikstudio mit Weihnachtsdekoration aus und macht sich daran, einen Weihnachtssong aufzunehmen, der 30 Jahre später und nach 161 Wochen in den deutschen Single-Charts immer noch Inbegriff weihnachtlicher Popmusik ist. Last Christmas – im Original vom Pop-Duo „Wham!" – wurde über 130 Mal gecovert, ist geliebter wie gehasster musikalischer Vorbote des Weihnachtsfestes. Der Song ist so stark mit dem musikalischen Weihnachtsklangteppich verbunden, dass sich seit einigen Jahren im Internet und in verschiedenen Radiosendern das Spiel „Whamageddon" verbreitet. Die Regeln sind einfach: Wer es in der Vorweihnachtszeit schafft, Last Christmas nicht zu hören, gewinnt. Eigentlich eine unmögliche Aufgabe, auch hier in Deutschland.

Das Spiel zeigt: Es gibt kein Entkommen bei diesem Lied, ähnlich vielleicht nur noch bei „All I Want for Christmas Is You", für das es eine ähnliches Spiel namens Mariahpocalypse gibt.

Die Handlung des Songs ist schnell erzählt und im Refrain gut zusammengefasst: „Last christmas I gave you my heart / but the very next day you gave it away / this year to save me from tears / I'll give it to someone special." Das Gerücht, George Michael hätte ursprünglich einen Text mit dem Titel „Last Easter" geschrieben, hat zwar keinerlei Grundlage, illustriert aber sehr schön, dass der Weihnachtsabend nur der Schauplatz für die Erzählung einer unglücklichen Liebesbeziehung ist. Der Journalist und Schriftsteller Sebastian Hammelehle bringt es auf den Punkt, wenn er schreibt: In „Last Christmas [wird] die überlieferte Ikonographie des Christfests nicht einmal in ihrer nachreligiösen Schwundstufe mit Schnee und Tannenbaum angesprochen. Das Lied könnte genauso gut am letzten Tag vor den Sommerferien spielen. Wichtig ist nur, daß ein spezielles Datum die erforderliche Fallhöhe für den Sturz in den Herzschmerz schafft."[1]

Last Christmas ist also, um das Bild vom „three-layer-cake" des Religionswissenschaftlers Bruce David Forbes noch einmal aufzugreifen, Zuckerguss, der ohne Torte serviert wird. Weihnachten dient im Lied nur noch als Kulisse – Verlassen werden am Fest der Liebe ist nun mal besonders tragisch. Darüber hinaus hat die deutsche Band „Erdmöbel" in ihrer Last Christmas Cover-Version „Weihnachten" auf den Punkt gebracht, wie der Song zum Fest steht: „Weihnachten ist mir doch egal". Daran ändern auch christliche Umdichtungen des Songs – „Jesus, wir feiern dich, ein andren gibt es nicht / Kein Santa, kein Ruprecht – weil, du allein bist das Licht" (Rose de Jesus) – nichts.

Vielleicht entlassen wir Last Christmas am Ende dieses Buches aus der Verantwortung, der Popsong sein zu müssen, an dem wir uns alljährlich abarbeiten. Eine wie auch immer geartete Kommentierung des Weihnachtsfestes ist von ihm nicht zu erwarten. Die in diesem Buch vorgestellten und erschlossenen Lieder haben gezeigt, dass Weihnachtspop eine Mischung aus Weihnachts-Fun, ernsthafter Sinnsuche und Neuinterpretation musikalischer Weihnachtstradition ist. Diese Mischung verträgt ein bisschen Zuckerguss in Form von 80er Jahre-Pop.

Die hier abgedruckten Beiträge sind nur ein kleiner Ausschnitt aus dem Weihnachtspop-Kosmos. Es gibt noch viel mehr zu entdecken. Irgendwo da draußen findet sich sicher für jeden von uns unser persönliches „Last Christmas".

Frohe Weihnachten!

Last Christmas – Wham:
https://music.youtube.com/watch?v=E8gmARGvPlI

 Weihnachten – Erdmöbel:
https://music.youtube.com/watch?v=EXPKc4i9L1E

Last Christmas (christian version) – Rose de Jesus:
https://www.youtube.com/watch?v=KvznKtpyWlU

Michael Winklmann

Anmerkungen

[1] Hammelehle, Sebastian: Ein Skilift in die Ewigkeit, in: Welt am Sonntag, 19.12.2004, online abrufbar unter: https://www.welt.de/print-wams/article119471/Ein-Skilift-in-die-Ewigkeit.html.

Autor:innenverzeichnis

Marina Fleck ist hochschuldidaktische Mitarbeiterin an der Katholischen Universität Eichstätt-Ingolstadt.

Prof. Dr. Johannes Heger ist Professor für Religionspädagogik und Didaktik des Religionsunterrichts an der Justus-Maximilians-Universität in Würzburg

Dr. Boris Kalbheim ist Akademischer Oberrat und Privatdozent für Religionspädagogik an der Julius-Maximilian-Universität Würzburg.

Klaus König ist Akademischer Direktor am Lehrstuhl für Didaktik der Religionslehre, für Katechetik und Religionspädagogik der Katholischen Universität Eichstätt-Ingolstadt

Dr. Anna Karger-Kroll ist wissenschaftliche Mitarbeiterin und Fachvertretung für Theologische Ethik am Lehrstuhl für Systematische Theologie am Seminar für Katholische Theologie der Universität Siegen

Prof. Dr. Christian Lange vertritt zurzeit den Lehrstuhl für Alte Kirchengeschichte, Patrologie und Christliche Archäologie an der Katholisch-Theologischen Fakultät der Julius-Maximilians-Universität Würzburg.

Prof. Dr. Georg Langenhorst ist Professor für Didaktik des katholischen Religionsunterrichts und Religionspädagogik an der Universität Augsburg

Prof. Dr. Richard Nate ist Professor für Englische Literaturwissenschaft an der Katholischen Universität Eichstätt-Ingolstadt.

Matthias Werner ist Akademischer Rat a. Z. am Lehrstuhl für Didaktik des katholischen Religionsunterrichts und Religionspädagogik der Universität Augsburg

Dr. Wenzel Widenka ist Volontär an der Katholischen Journalistenschule IfP (München) mit Ausbildungsredaktion bei „Christ in der Gegenwart".

Dr. Michael Winklmann ist Referent für Programmentwicklung in Studium und Lehre an der Katholischen Universität Eichstätt-Ingolstadt.

Ist an Weihnachten heile Welt?

192 Seiten
Gebunden
ISBN 978-3-451-39540-6

Dieses Buch macht im weihnachtlichen Wohlklang Dissonanzen hörbar und eröffnet gerade dadurch neue Perspektiven auf die Weihnachtsbotschaft. Die Autorinnen und Autoren berichten von Erfahrungen mit Machtmissbrauch, die sie in der Kirche gemacht haben, und fragen nach den Konsequenzen für das Feiern von Weihnachten. Mit Beiträgen u.a. von Johanna Beck, Mara Klein, Gregor Podschun, Doris Reisinger.

In jeder Buchhandlung!

Die hoffnungsvolle Weihnachtsbotschaft

128 Seiten
Halbleinen
ISBN 978-3-451-39561-1

Was ist der wesentliche Kern der Weihnachtsbotschaft? Tiefgründig und bewegend bringt uns Tomáš Halík die spirituelle Bedeutung der biblischen Geschichten von der Erwartung und Ankunft des Erlösers nahe. Im Zentrum steht die Sehnsucht des Menschen nach Hoffnung und Freude in dunklen Zeiten – und die Antwort, die Gott darauf gibt. Ein erbauliches Buch für die besinnliche Zeit des Jahres.

In jeder Buchhandlung!

HERDER   www.herder.de

Mit Musik durch die Advents- und Weihnachtszeit

176 Seiten
Gebunden mit Leseband
ISBN 978-3-451-39372-3

Musik gehört dazu, wenn es Weihnachten werden soll! Für keine andere Zeit des Jahres wurde so viel Musik komponiert. Um diese Tage intensiver zu erleben, erschließt dieses Buch adventliche und weihnachtliche Stücke mit Blick auf deren Worte und Musik. Zum klingenden Begleiter wird das Buch, wenn Tag für Tag ein Musikstück präsentiert wird und jeweils auch ein QR-Code zu Einspielungen im Internet führt.

In jeder Buchhandlung!

HERDER

www.herder.de

Hoffnungstexte für Advent und Weihnachten

160 Seiten
Kartoniert
ISBN 978-3-451-03321-6

»Mitten im Dunkel unseres Lebens ein Licht anzünden, die alten
Gebete sprechen, das Dunkel zulassen, der flackernden Kerze
glauben ...«
Die Hoffnungstexte von Andrea Schwarz sind wie die Lichter in
der Advents- und Weihnachtszeit: Sie begleiten uns vom 1. Advent bis zu Dreikönig, erhellen dunkle Stunden und erinnern uns
an das Geheimnis von Weihnachten.

In jeder Buchhandlung!

HERDER